TALENT UNLEASHED

释放天赋

激活潜能的三种领导力对话

[美]
肖恩·姆恩 Shawn D.Moon
托德·戴维斯 Todd Davis
迈克尔·辛普森 Michael Simpson
罗杰·梅里尔 A.Roger Merrill
著

中国青年出版社
CHINA YOUTH PRESS
中青文传媒

图书在版编目(CIP)数据

释放天赋：激活潜能的三种领导力对话 /（美）肖恩·姆恩等著；郑晓梅，高媛译．—北京：中国青年出版社，2018.6

书名原文：Talent Unleashed: 3 Leadership Conversations to Ignite the Unlimited Potential in People

ISBN 978-7-5153-5065-3

Ⅰ.①释… Ⅱ.①肖…②郑…③高… Ⅲ.①企业领导学 Ⅳ.①F272.91

中国版本图书馆CIP数据核字（2018）第052393号

释放天赋：激活潜能的三种领导力对话

作　　者：[美] 肖恩·姆恩　托德·戴维斯　迈克尔·辛普森　罗杰·梅里尔
译　　者：郑晓梅　高　媛
责任编辑：胡莉萍
美术编辑：李　甦
出　　版：中国青年出版社
发　　行：北京中青文文化传媒有限公司
电　　话：010-65516873 / 65518035
公司网址：www.cyb.com.cn
购书网址：zqwts.tmall.com　www.diyijie.com
印　　刷：北京市松源印刷有限公司
版　　次：2018年6月第1版
印　　次：2018年6月第1次印刷
开　　本：880×1230　1/32
字　　数：200千字
印　　张：9
京权图字：01-2017-1814
书　　号：ISBN 978-7-5153-5065-3
定　　价：69.00元

T A L E N T
UNLEASHED

目　录

序 言

中国虽有着高达13亿的人口，但仍面临着人才紧缺的问题。我们定义人才并不仅仅着眼于数量，更为重要的是人才素质及其在个人贡献方面所蕴藏的巨大潜能，这让人才成为关键的可持续性竞争优势。因此当今时代需要我们在激发人类潜能的同时，为之提供适宜的成长环境。

但问题是，你所在组织内的领导者能够挖掘出员工的最大潜力吗？

史蒂芬 · R.柯维博士曾将“领导力”定义为“能够通过沟通让员工清楚地自我意识到他们所蕴藏的价值与潜能”。

当今社会面临着不断加速的变化，组织的终极竞争优势在于其内部的员工是否已经做好准备，在日常的工作中充分发挥自己的才智并对自己的表现负责，从而实现预期的目标，因此，如今的领导者必须学会如何有效地帮助员工发挥自身才能。如果想要员工做出卓越贡献，那么必须有领导者了解他们的动力何在，对他们而言最重要的是什么，以及他们各自的最大优势是什么。

员工个人的成功很大程度上受其领导影响，这些领导者是员工在其职业和生活中的典范。优秀的领导者知道如何尽他人之所长，不是简单地让员工更卖力地工作，而是帮助他们发掘并激发自身潜能，从而取得卓越的成就。如今的许多领导者低估了自己作为领导者在这方面（释放潜能）起到的作用。

如今许多领导者和管理者无法成为卓越的领导者，这往往是由于他们仅以结果为导向，缺乏对员工潜能的发现与释放。最终，只能通过独自拼命工作，耗尽精力，然后带领自己的员工走上相同的道路。对领导者而言，当务之急是寻求一种新的方法，改变目前这种不理想的工作方式。这种方法必须能够帮助他们发掘出员工的特殊才能，协助员工清除障碍，激发员工充分发挥自身的潜能，最终成就卓越。

世界知名的富兰克林柯维（FranklinCovey）领导力专家团队基于与全球各行各业数千位领导者多年合作的经验、智慧和成就，编写了《释放天赋：激活潜能的三种领导力对话》一书，旨在为当今领导者提供其在担任领导工作期间迫切需要的帮助。

这本书犹如一阵清风，将为我们的领导者和管理人员带来崭新的思维，帮助他们了解、发现并最终释放员工的才能和优势，提升员工的敬业度，让员工的才能为所在组织做出更多的贡献，在日益具有挑战性的环境中实现组织与员工的共赢。

陈俐同（Ronnie Tan Li Tong）

富兰克林柯维（FranklinCovey）新加坡与大中华区总裁

T A L E N T
UNLEASHED

前言

释放员工天赋，提升组织竞争力

大多数领导者和员工并不知道自己有什么优势。如果你问他们，他们大多一脸茫然，或者会说自己在专业方面表现如何，这样的答案根本就是错误的。

——彼得·德鲁克

在1月份一个寒冷的清晨，正值上班高峰，华盛顿地铁站里熙熙攘攘，挤满了等着赶车的上班族们。他们心无旁骛，一心想着自己当天的安排，希望能够按时赶到单位。这时，从人群中挤出一位男士，他走到一个通道上，一屁股坐在了冰冷的水泥地上——这个通道是进出地铁的必经之路。

这位男士手里拿着一个小提琴盒，他打开盒子，把小提琴从保护套里取出来，把琴盒放在自己面前，希望听众能扔一两块钱进去，当然，20块钱也行，越多越好。

紧接着，这位匿名演奏家开始演奏。那天早上，他演奏了约翰·塞巴斯蒂安·巴赫的6首曲子。他的演奏堪称完美，但没几个人在意。演奏了几分钟后，一位中年男子停了下来，但他只待了不到一分钟就离开了。又过了几分钟，这位男士才收到了今天早上的"第一桶金"，一位女士往琴盒中扔了一块钱，但她并没有停下自己匆忙的脚步。又过了几分钟，一位年纪稍长的绅士停了下来，倚着地铁站的墙壁听了一会儿，但没过多久，他低头看了看手表，就快步离开了。

男士大概演奏了45分钟，在这期间，成千上万的乘客从他身边走过，但好像只有孩子们对他的音乐感兴趣。第一个想留下来听他演奏的是一个3岁的孩子，他似乎被曲子和演奏者迷住了，但他的母亲很清楚自己要去哪里，便把孩子拽走了。后来，有很多孩子停下来听他演奏，但他们的父母可不愿意耽搁，所以孩子们无一例外都被父母生拉硬拽走了。

演奏结束后，小提琴手将琴盒内的钱收起来，将小提琴放进琴盒里，啪的一声合上琴盒走了。他演奏了整整45分钟，却只拿到了32美元，没有人为他鼓掌，也没有人给予他赞美。行人们忙忙碌碌，只想着尽快坐车赶到公司，开始工作，那才是重要的事情。这样的生活日复一日，循环往复。

其实，这是《华盛顿邮报》开展的一项社会实验。在这个寒冷的清晨，站在地铁通道里为大家演奏的人是世界闻名的小提琴演奏家约书亚·贝尔。他用的那把小提琴价值高达350万美金，他演奏的那6首曲子是有史以来最复杂、最难懂的小提琴曲。就在两天前，贝尔刚刚在波士顿开了一场音乐会，虽然音乐会的门票平均下来高达100多美元，但依旧被抢购一空。

然而，在那天清晨，从约书亚·贝尔身边匆匆而过的人成千上万，几乎每个人都对这场代表世界顶尖水平的演出视而不见，这听起来好像让人难以置信。不过，我们又何尝不是经常对身边才华横溢的人视而不见呢？

和地铁站里那些行色匆匆的乘客一样，因为我们心不在焉，所以经常对卓越的才华和能力视而不见。如今，生活压力大，我们总是行色匆匆，一心想着低头赶路，把手头最急的事情做完，而往往忽视了我们身边那些有天赋的人，即使注意到他们，也不过是不经意的一瞥而已。

你能发现朋友的天赋吗？

你知道你身边有很多具有独特才能的人吗？

作为领导者，你注意到自己团队成员的潜能了吗？哪怕是隐隐约约有所察觉也行，你看到自己的潜力了吗？

或许你上周五投进了一个漂亮的界外球，或许你会讲四国语言，或许你已经掌握了24个流行的瑜伽动作，我们要说的不仅仅是这些。

我们说的是那些从未被发掘的巨大潜力。别人可能都没有意识到这些潜力的存在，更别说挖掘这些潜力了。打个比方，我们说的是隐藏在你自己身上或者隐藏在你团队中的那个“约书亚·贝尔”。

想一想：有没有一种能力连你自己都不知道，却被你的领导发现了？

如果答案是肯定的，那么，这对你的生活产生了什么样的影响呢？对你和其他人的关系产生了什么样的影响呢？

你愿意像这位领导一样，去发掘其他人身上隐藏的天赋吗？

我和大家说一说我自己的故事。

十几岁的时候，我真是懒到家了，学习成绩也特别差。虽然有自己擅长的科目，但每次考试成绩也很糟糕。就拿历史课来说吧，我很喜欢历史，私下也读过很多与历史有关的书籍，但我就不喜欢学历史课本，因为我觉得那是作业！

有一天下课后，历史老师把我留了下来，他直视着我的眼睛，颤巍巍地对我说：“你是在自欺欺人，现在的成绩根本不是你应有的水平，我一直觉得你很有学习历史的天赋。”在这之前，我一直以为历史老师不喜欢我。

他说这些话的时候，我的内心产生了一种奇妙的感觉。在此之前，从来没有哪位老师关注过我。在他的关怀下，我的成绩慢慢有了提升。他一直关注我、教导我并且不断鼓励我，因为他的肯定，我深受鼓舞，学习的劲头越来越足。最终，我获得了一所重点大学的历史学学士学位，并拿到了一等奖学金。这种感觉简直太棒了！在我看来，我之所以能够成功，很大一部分要归功于那位老师，从他颤抖的声音中，我知道他是真心关心我。

而我一位朋友的经历恰恰与此形成了鲜明的对比。

我曾经和一位资深领导共事。在他看来，帮助员工发展、在员工身上投资会耗费大量的时间，结果却往往不尽如人意。他对我说：“你在他们身上花费大把的时间和金钱，帮助他们实现自我发展，但他们学到了想学的东西后，就离开了。”

我很同情他，好不容易培养出来一个人，却跳槽了，这的确让人很懊恼。我对他说：“让我们换一个角度来看这个问题。如果你不愿意在员工身上投资，他们就算愿意留下来，那又怎么样呢？和你一起共事的会是一群什么样的人呢？”

这位领导缺乏留住能人的精神，他认为在员工身上投资是在浪费时间，等员工辞职的时候，他又觉得气愤难当。

现如今，领导力有很多要素，但对于一个优秀的领导者而言，最起码要能够发现、肯定、释放他人的天赋，让大家各尽其才。当今社会，人员流动快已是不争的事实。优秀的领导者要在员工中形成凝聚力，吸引大家留在自己的团队，这样，辛辛苦苦挖掘出来的天赋和培养出来的能力才不会流失到其他公司。

那么，如何做到这一点呢？请认真思考一下。领导们之所以被提拔，大多是因为其能力强，或技艺精湛，但真正优秀的领导者之所以被牢牢记住，是因为他们对下属的生活产生了积极的影响。如果你问别人，谁是他们遇到的最好的领导？他们很少提到技术精湛的主管，提到的往往是那些心地善良、关心自己的上司。这些领导者善于鼓励员工，愿意帮助员工成长发展，帮助他们完成任务，帮助他们从自己的工作中找到意义（这个原则放之四海而皆准）。

他们会告诉你，那些才是真正关心自己的人。

在我们进行的调查中，超过80%的人说，他们共事过的“最优秀的领导者”起码应该具备以下几个要素中的两个：

- 我坚信，在领导的帮助下，我可以挖掘自己的天赋，充分发挥我的能力，成就有意义的事业。
- 我该做什么？我为什么要做？我该怎么做？我坚信我和我的领导有相同愿景。
- 我坚信我的领导一直在想方设法地帮助我。

当下，员工对领导者能有这份信心，不仅仅是“好事一桩”，更是吸引并留住顶尖人才，高效完成工作的重要保障。毫无疑问，培养这种信任需要投入大量的时间和精力，但其回报不可估量，员工可以迅速成长，更有创造力，工作效率更高，并对领导和组织忠心耿耿。

你也许听人们说过，人们选择离职并不是受不了公司或者机构，而是受不了领导。你也许也听人们说过，千禧一代（泛指在20世纪80年代至2000年间出生的这一代人）较其前辈而言，流动性更强，总在不停地换工作。事实上，根据盖洛普调查，千禧一代现在占到了美国劳动力的50%以上，他们是最愿意换工作的一代，超过60%的人随时准备好换工作。

而根据我们的经验，不管是哪个年代出生的人（千禧一代、X

一代、战后一代、沉默的一代），他们当中的佼佼者通常并不愿意离开那些真正关心他们并为他们创造出了宽松工作环境的领导们。不管是哪个群体，都离不开和其他人的往来。每个人都需要有归属感，都希望感受到来自领导和其他同事的真心关怀。他们希望在领导的帮助与支持下，完成重要的任务，做出突出的贡献，经理和领导者能否与员工建立起这种关系往往决定着企业的生死存亡。

本书阐述了领导力对话的三个技巧。作为团队、项目或组织的领导者，你应该如何关心员工，如何为他们建立起归属感？如何吸引人才，留下精英？如何帮他们释放自己的天赋，做出重要的成就？如何建立起上面三个要点所描述的联系和信心？

我们必须承认，在当今社会，当领导的机会很多，有的正式，有的不那么正式。现在工作分配灵活，以团队为主。或许今天你是这个团队的领袖，第二天你就成了另一个项目的成员，向原来的组员汇报。或许你也有机会指导其他人工作。然而，无论角色如何转换，和别人如何交往，都可以放在领导力的框架内，都可以用得上这些技巧。

你要学会把握时机，从而立刻取得积极的效果。久而久之，随着你的知识、角色和技能越来越丰富，你就能在自己的团队或组织中营造出有利的环境，帮你扫清一切障碍，充分释放天赋，提高工作效率。

虽然本书重在教你使用这些技巧来提高企业和组织的竞争力，但这些技巧对于改善你和家人的关系也同样适用。此外，在书中我们也分享了自己的一些故事，你会发现，对于那些我们认为很重要，或者是我们可以影响的人来说，这些技巧也同样适用。

我们承诺，如果你读了这本书，并按照书中的建议，开始真正和你身边的人使用这些领导力对话技巧，你将会：

- 形成全新的思维模式，掌握全新的技能，必将明显改善与团队成员或员工的关系。
- 收获一份自信，相信自己有能力帮助他人发掘并释放自己的天赋。
- 逐渐意识到，在帮助他人释放天赋的同时，自己的天赋也得到释放。

这本书是四位作者智慧的共同结晶。我们自己认识世界各国和地区很多成功的领导者，他们就能够帮助身边的人释放自己的天赋。在书中，我们也分享了他们的几个故事。不过，读着读着，你会发现，过去30年来，我们和富兰克林柯维（FranklinCovey）几千位客户做的大量工作才是这本书的主要内容。

1

第一章

三则领导力对话技巧

员工天赋将是企业成败的关键决定因素。成功企业的领导者善于引领公司适应不断变化的形势，做出正确的战略决策，评估风险并承担相应的风险，能够发现商机，并从中创造全新的价值，不断形成并保持企业的竞争优势。

——比尔·康纳狄，拉姆·查兰

我们四个聚在一起聊天时才发现，我们接触过全球50多个国家数百家公司的近万名员工，而我们与企业打交道的时间加起来超过了100年。同时，我们都曾为同一家机构工作过。过去30多年来，这个机构开创性地进行了研究，研究如何提升公司、团队以及员工的工作表现。

因为具有如此丰富的经验，所以我们探讨了这个问题：如果必须找到一个因素，能够对提升世界各地的员工和公司的工作能力产生最为深远而积极的影响，这个因素会是什么呢?

答案显而易见，那就是领导者能够帮助团队成员释放自己的天赋。

如何做到这一点呢？是否具备这种能力要看领导者如何看待团队成员，如何看待他们身上隐藏的潜力，如何与团队成员沟通。杰出的领导者除了关注员工能够为这个集体、这家公司做出什么贡献外，他们还发自内心地尊重员工，关心员工，关注员工的个人发展，关心他们是否能够从工作中获得意义。这样的领导能够激励员工不断发掘并释放自身的天赋，并尽力在工作中做到最好。

关心员工既不是什么新时尚，也不是什么技巧。纵观历史，关心员工一直是杰出领导力的重要组成部分，古老的《普塔霍特普箴言录》（公元前2200年）就是最好的证明。

普塔霍特普是古埃及第五王朝杰德卡拉·伊塞希治下的市政官员和大臣（首席大臣），他是这部古老的埃及“智慧文学”的作者，旨在教导年轻人行为要得体。从手稿中，我们不难看出，普塔霍特普很看重个人天赋和个人能力。鉴于你阅读的这本书介绍的是领导力对话的三个技巧，我们想告诉你一个有趣的事情，《普塔霍特普箴言录》直译过来，意思就是“好的谈话准则”。

虽然语言有些过时，但这位领袖的一些箴言听起来就像是管理学和领导力最新文献中的话。举个例子，关于倾听员工心声（以此来表现领导对员工的关爱）的重要性，普塔霍特普是这样说的：

> 作为领袖，请耐心倾听请愿者的心声，听他说完，不要无故将其打断……你不一定能够满足他的每一个诉求，但耐心倾听可以抚慰他们。

绝大多数人已经清楚地认识到杰出的领导的确真心关怀自己的员工。但真正杰出的领导不但关心员工，而且他们表现关爱的方式产生了影响，改变了人们的生活，这一点没有那么明显，至少人们很少会提及到。

于是，我们四个开始重新审视自己的经历以及全球的相关研究。我们发现，表达关爱最有效的方式可以高度概括为三个领导力对话技巧，它们可以让领导和员工不断深入交流，进而帮助员工发现自己的潜力，释放自己的天赋。

在对话中，领导都真诚地表达了对员工的关怀。日复一日，这样的对话不断进行，员工成功的机会更大，不但可以获得幸福，而且可以实现自我价值。同时，员工在团队和企业中表现得更优秀。

本书旨在与你分享这三个对话技巧，包括对话技巧的具体内容、对话技巧如何发挥作用，以及如何练就这种技能。同时，我们还提出了非常实用的对话指南，简单易懂，所有人立刻就能掌握一些对话技巧。

领导与员工的对话质量决定团队效率

人们常说："婚姻是一场长期对话，所以在选择伴侣时，一定要喜欢和他/她交谈。"事实上，所有良好的人际关系都可以被看作一系列健康的对话。人与人之间的对话越有意义、越坦诚、越能增进信任感，这种关系就越有价值。

正如领导力专家罗伯特·J.安德森和威廉姆·A.亚当斯所说："领导力其实（也）是一门语言艺术。"

领导们大部分时间都在和别人对话，会议、电话、邮件、战略沟通等，在各种对话中的表现决定了一个领导是否有效率。领导谈话水平决定了整个团队的效率，进而决定了整个团队的才智，最终决定了公司的经营情况……对话质量和团队关系与成效直接相关。

所以，如果领导力真的是一场持续不断的长期对话，那么，不妨思考一下我们与同事之间的对话是怎样的，我们必将有所收获。我们可以问问自己 ：“我在对话中慷慨吗？我真诚吗？我的谈话对别人有帮助吗？我能够鼓励他们变得更出色，做出更有意义的贡献吗？换而言之，同事们能否感受到我的关心呢？反之，我是不是很少和同事对话？在谈话中我是不是太敷衍了事了？我是不是没有投入情感？我是不是总是只关心手头的工作？更糟糕的是，我在谈话中是否尖酸刻薄，只会批评别人？是否会让同事感到害怕与沮丧？”

表1.1选取了职场中一些典型的对话，想一想这些话有什么隐含的深意？又会产生什么样的结果？想想你自己的经历，是不是有时候你说的话不经意间表达出了别的意思，而且产生了巨大的影响呢？

回想一下你自己和同事的沟通过程，和下属交谈时，你表现出对团队、组织和自己抱有怎样的思维模式，它最终对团队或企业产生了什么影响呢？

不论身处何处，总能听到员工们说 ：

- 我不明白我们的目标究竟是什么，我们真的有目标吗？
- 我不太清楚我们团队的愿景、发展方向和目标。
- 我有时会想，我们做的事情会不会得到别人的认可？长远来看，我们做的事情有意义吗？
- 我不知道在这个位置上能有什么价值，能做什么贡献。
- 我的工作我说了不算。

表1.1 职场中的典型对话

对话内容	传达出的信息
如果你明白总部的思路，你早就是执行委员会的一员了。做好手头工作就可以了，好吗?	你以为你算老几！你的想法没有价值。公司领导比你聪明，比你优秀，你只是个小职员，是颗螺丝钉。
公司有好有坏，我们有什么办法呢。	我们都是受害者，我们无法改变现状。
优秀的人都离开了，留下的都是些庸才。	这不是个好公司，你留在这里，说明你表现平平，也没有其他地方可去。
最好有人能证明你说的这些话，不然你就完了。	为了生存，别说坏消息。在这里，我们不能公开、坦诚与诚实。
那些负责运输的人什么都不懂，他们对业务一窍不通。	问题与我们无关，问题就“摆在那儿”，都是他们的错。
情况已经坏透了，我们没时间也没能力补救。	我们毫无胜算可言，但这不是我们的错。
玛茜在运营部工作了15年，还是被辞退了，这家公司根本就是吃人不吐骨头。	你必须时刻提心吊胆，随时可能被开掉，管理层对我们不忠诚（言下之意，我们也不用对公司忠诚）。
我们做这个项目这么久了，公司从来没有支持过我们，领导层根本不知道这是个多么难得的机会。	我们根本不知道工作目标是什么，别对这份工作抱太多希望。领导层都是一帮无知的蠢货，我们完蛋了。
一开始，总没有时间和资源把工作做好，但总有大把时间回过头去，批评大家没有把事情做好。	我们任由一群不讲道理的人摆布，他们不是太愚蠢就是太贪婪，不愿意为我们提供帮助。

- 我觉得没有人愿意倾听我的想法，他们又何必在乎我的想法呢？！

- 我经常觉得老板并不是想解决问题，他只想自保，只想保住自己的面子。

带着这种情绪和想法的员工，怎么有动力挖掘自己的潜力？怎么有动力竭尽全力把工作做好呢？

现在，仔细想想你遇到过的优秀领导，他们的谈话是什么样的？他们的员工也不了解团队和公司的目标吗？他们也不了解自己的天赋和自己的角色吗？他们也不愿意为公司和团队做出贡献吗？

成功的领导、教练和导师都很关心自己身边的人，帮助他们释放自己的天赋，激发他们的热情，使其愿意为团队或公司做出贡献，他们的领导力对话会影响员工的思想、精神和心灵，甚至会对员工忠诚度产生巨大的影响。

根据《盖洛普商业杂志》的报道，“员工是否忠诚，70%以上取决于管理层，”有趣的是“持续沟通会增加员工的忠诚度”。“尤其是那些每天都与领导互动（不管是面对面交流、电话沟通还是线上沟通）的员工，他们对公司的忠诚度最高”。“员工最基本的要求是了解公司的目标，这对他们的工作至关重要……优秀的领导不会只告诉员工该完成什么工作，他们经常和员工沟通，探讨工作职责和工作进度。这些沟通至关重要，不能等到一年一次的年度绩效评估时才做”。

在本书中，我们将介绍三个领导力对话技巧，为你搭建起一个框架，帮助你创建并完善自己的对话技能，让你更从容、更清晰地与员工交流。这些技巧可以帮助你正确向员工表达关爱，使之产生积极影响。在谈话过程中，领导建立起和员工之间的信任，肯定员工的工作，告诉员工领导的期望，并不断完善和调整战略目标。

高效对话的三个技巧

根据已有研究与实际经验，我们可以把领导对话中最重要的元素总结为：

1. 心声：个人价值或贡献
2. 绩效：在实现关键目标时的表现
3. 清除障碍：为他人成长提供帮助

图1.1　对话中的三个要素

1. 心声对话 肯定团队中每个人的价值与潜力。在这样的对话中，员工能够发现自己独特的天赋、激情和价值，同时，他们还可以把自己的心声与工作和事业联系起来。所以，心声对话就是发现每个人独特的天赋，找出个人所做贡献的过程。

2. 绩效对话 这样的谈话可以明确每个人的目标、角色和责任。员工不再是可有可无的雇员，而是值得信赖的伙伴、同事和队友，大家为了共同的目标一起奋斗，这不仅对个人，而且对整个团队都至关重要。

3. 清除障碍对话 在这样的对话中，领导者的角色从监督者变成了领导者、教练和导师，他们为员工赋能、清除障碍、给予员工指导和教练式辅导，并不断调整方向，帮助员工成功。

这些对话技巧高度概括了优秀领导者的精髓，心声对话能帮助员工认识到自己的能力，找出自己能够做出的贡献。绩效对话明确了员工的工作目标，并肯定其成绩，而清除障碍对话则能让员工和领导找到办法，排除万难，不断推进工作，最终取得成功。

事实上，与员工的对话是一个长期过程，这三类对话只是其中的一部分。你随时都可以和员工交流，和员工建立联系。与员工谈话可长可短，可以很正式，也可以很随意。不过，只要按照这本书提供的框架来做，作为领导，你就不会浪费和员工相处的每一个宝贵瞬间，你可以倾听他们的心声，提高其工作能力，为他们扫清工作中的障碍。

这些谈话可以是面对面的，不过当下，也可以借助虚拟平台与员工对话，比如发电子邮件、发信息或者利用社交网络来联系。面对面交流很重要，人与人面对面交流时所建立的关系绝对无可替代。但得益于科技的发展，我们有了更多的交流机会。此外，有些观点和想法太私密，面对面难以说出口，而运用科技手段就可以进行交流。

这些谈话可能成为人们生命的转折点，他们的生活可能因为目标而改变。通过对话，人们学会了如何树立重要的目标，如何努力来实现目标。员工们知道，领导随时会帮助自己，所以他们一直充满着希望。这样一来，每个员工都会尽最大的努力来工作，整个团队齐心协力，为了成功共同奋斗。他们不但能够和同事分享成功的喜悦，还能从工作中获得快乐和成就感。

这些对话可以激发员工的潜能，使公司和团队取得更大的成功。这些对话还可以在团队成员之间建立起互助互爱的关系，这一点同样重要，如果对话的双方没有建立起这种关系，那就说明对话根本没有起到作用。

脑科学家爱德华·哈洛威尔曾说过：

人与人之间的关系具有非常强大的力量。一开始，一个人只是和某个人建立了联系，然后关系网不断扩大。再强大的人际关系网也是由单一的关系逐渐发展演变而成的，这种关系无处不在。你会觉得，有些东西要比自己更为重要，而自己正是其中的一部分。无论发生多么糟糕的事，生活依旧有希望。正是因为这种力量的存在，人们才会表现出自己最好的一面。

这种人际关系呈现出的正是人与人之间的关爱。多年来，富兰克林柯维（FranklinCovey）一直用大石块理论来帮助员工进行时间管理。大石块理论巧妙地提到了人际关系的重要性，人们通常称为“蛋黄酱罐与两杯咖啡的故事”。

有一位大学教授拿着一个巨大的空蛋黄酱罐子走进了教室，上课后，他一句话也没有说，就用高尔夫球填满了罐子。

他问学生罐子填满了没有，学生们纷纷回答：“填满了。”

接着，教授拿起一盒鹅卵石，倒进了罐子里。他轻轻摇了一下罐子，很快，鹅卵石就把高尔夫球之间的空隙填满了。

他又问学生罐子填满了没有，学生们再次给出了肯定的回答。

这位教授又拿起了一盒沙子，倒进了罐子里，当然，沙子立刻把所有缝隙都填满了。

他再一次问学生罐子填满了没有，学生们一致回答：“满了。”

教授又从桌子下面拿出两杯咖啡，倒进罐子里，学生们大笑了起来。

笑声慢慢平息后，教授说：“我想告诉你们的是，这个罐子就好比你们的人生。高尔夫球代表你深爱的、关心的家人，即使你失去了一切，只要他们依然留在你身边，那么，你的人生就是完整的。

“鹅卵石代表其他重要的事情，比如工作、房子，沙子则代表其他无关紧要的小东西。

“如果你先把沙子倒进瓶子里，那瓶子就装不下鹅卵石和高尔夫球了。我们的人生也是这样，如果你把所有的时间和精力都放在小事上，肯定无暇顾及那些真正重要的大事。

“所以，你们要把精力放在那些重要的事情上，那些能够让你们幸福的事情上。多花时间陪伴那些你深爱的、关心的人。多花时间倾听他们的心声，教育他们，引导他们，鼓励他们，让他们知道你有多爱他们。做事情要分清主次，先顾好最重要的，再理会其他事情，那些芝麻小事就算了。”

一位女生举手问道：“那咖啡代表什么呢？”教授微笑着回答说：“我很高兴你能想到这个问题。我之所以又倒了两杯咖啡，只是想告诉你们，无论看起来有多忙，你们总能抽出时间来，和朋友喝两杯咖啡。”

杰出的领导者更加重视对员工的关怀

成功的领导者懂得关心员工，善于帮助员工释放天赋，激发他们的热情和能量，让他们愿意为了团队，为了公司而努力。相反，不成功的领导者往往只关心如何提高自己的声望，巩固自己的权力和地位。我们必须扪心自问：“我关心的究竟是谁，是自己还是别人？”

作者注

刚开始工作时，我碰到了一个控制欲极强的老板，如果把权力比作一块馅饼，那么我的老板就想要这一

> 整块馅饼，连上面的奶油都不放过。他不想要员工得到别人的赏识，所以既不允许任何创新和实验，也不希望身边的人才有更好的发展。我们每天都得假装忙忙碌碌的，尽量躲开他，这样的生活简直无聊透了。

想想这种以自我为中心的领导者会给员工带来怎样的影响吧！我们可以从团队士气、融入感和生产力这几个角度来考虑。

杰出的领导者根本就不关心荣誉最终是不是自己的，他们只想着员工，想方设法向员工表达他们的关爱，他们致力于创造新的机会，面向未来培养人才，将领导力传承下去。他们把自己视作新领导者的培养者，最大限度地与任务完成者共同分享这份声望。

他们的言语之间都折射出这种模式和价值观，他们谈论的是“我们”而不是“我”。他们与每个人分享馅饼和奶油，让所有人都能享受成功的喜悦。

听一听我下面要讲的故事，你就会明白这种关爱会带来什么结果。

19世纪末，美国有一位名叫亨利·福特的企业家。作为一个年轻的企业家，亨利·福特有一个伟大的梦想：生产一辆几乎每个家庭都买得起的小汽车。他需要找到一个削减成本的办法，而这些削减下来的成本足够买下一匹马或是一辆马车。尽管有很多人嘲笑他的想法，但他并没有放弃。为了得到资金支持，他来到美国最大的银行——约翰·皮尔庞特·摩根银行申请贷款，但遭到了拒绝。

他心灰意懒，不知该如何是好，于是将自己的想法告诉了老板托马斯·A.爱迪生。爱迪生看到了福特的天赋，于是说道："年轻人，这就对了！你已经找到办法了，让汽车的自给系统携带燃料！就朝着这个方向去努力吧！"爱迪生的一席鼓励不仅改变了福特，也改变了这个世界。虽然前两次尝试均以失败告终，但福特最终还是制造并发布了畅销的A型福特轿车，并把第一辆出厂轿车送给了爱迪生。

爱迪生的关怀与人情味点燃了福特的热情，并帮助他取得了成功。在这段谈话的鼓舞下，福特虽然历经失败，但依然勇敢地追求并最终实现了自己的梦想。

你的生活中是否也有这样一个人，他关心你，愿意成为你的朋友，花时间与你交谈，鼓励你，教导你，甚至帮你修正自己的错误？

所谓的领导力就是清楚地告知他人他们拥有的价值与潜力，并鼓舞他们去发掘这一切。

——史蒂芬·R.柯维

所谓领导，并不一定是真正意义上的领导者，而是某个关心你，更准确地来说，就是某个愿意花时间陪你，能够发现你身上未被释放的天赋的人，就像鼓励福特的爱迪生那样。

你的身边是否有这样一位领导，他的责备时不时地让你感到些许刺痛（也许并不那么温柔），但你依旧可以感受到他对你的关怀？你知道这个人总想把最好的给你，你知道他永远相信你。你希望自己可以达到他的要求。你知道自己责任重大，即便失败的可能性极高，也一定要做出一些令人瞩目的成就，而你同时也知道这个领导一定会支持你的每一次努力，为你扫清成功路上的阻碍，并不断对你提出更高的要求。

多年以来，我们一直向数千位商务人士中的领导者提出这样一个问题："谁是你人生中最优秀的领导者？"

绝大多数领导者会即刻给出答案。他们通常会想到那个真正关心他们，能够发现并将他们的价值和潜能清晰准确地告诉他们，让他们自己去发掘的人，那些帮助他们释放了自己天赋的人。

一位伙伴跟我们分享了自己的故事。

我心中最优秀的领导是我的一位老师，那时，我参加了一个为问题少年设计的活动。我对自己毫无判断力，不知道自己是什么样的人，也不知道自己能做成什么事。一天，他来找我，让我坐下来，就好像上课一样，既不是严肃的会谈，也不是什么惩罚。他看着我，简短而又真诚地问道："你长大后想做什么？"如果他在气氛更紧张时问我这些，我可能会生气，但我立刻意识到他并不是要和我发生冲突，而是真的想知道答案。我的回答毫无说服力："呃，我不知道。"他用敏锐的目光看着我说："无论你想成为什么样的人，或是想做什么事情，你都可以做到。你拥有巨大的能量和与众不同的天赋，一定会取得了不起的成就。”

我惊讶得说不出话来，我从未取得过任何小成就，更别提了不起的成就了。我甚至根本不在乎这些，直到这一刻。他告诉我，我能干大事，而我也相信他。

从那一天起，我开始用一种全新的眼光看待自己，希望能像他那样看到自己的实力。虽然偶尔还会犯错，但我开始要求自己努力实现这一目标。多年以来，我一直把他当作我的导师，并和他保持着紧密的联系。他教导我要对自己的行为负责，并一直帮助我发现新的自己，让我知道我还能做到更多；帮我扩展兴趣爱好，探索新的梦想，并为我扫清沿途的障碍。

当回顾经历的每个阶段和取得的成就时，我很惊讶自己当初做了明智的选择，开始了这段旅程。我顺利地从高中毕业，获得了大学文凭（成为家里第一个大学生），接着又拿到了硕士学位。我娶了一位优秀的妻子，组成了一个完美的家庭。我的事业也很成功，现在，我领导着一群精英人才，从事着很重要的工作，虽然并不容易，但也取得了一些瞩目的成就。这位老师用简单而又真挚的谈话鼓舞了我，他是第一个这么做的人，我会永远感谢他。

人们的待遇情况总会有意无意地影响他们在工作中的投入程度……他们有些选择反抗或辞职，有些则会表现出众。

——史蒂芬 · R.柯维

其实，我们当中很多人都可以成为向他人提供正能量，帮助他人进步的人。人与人之间需要相互关心，一方面原因是道德意识使然，另一方面则是因为在关心他人、给他人带去快乐的同时，我们也会得到快乐，而最后，这种关爱还会带来商务利益。

人力资源的价值已成为决定公司价值的首要因素。创立于20世纪80年代的标准普尔将一间公司近三分之一的价值归于“无形资产”，即可靠的领导层、质量以及人才。而数十年后的今天，在标准普尔指数覆盖的500家公司中，无形资产占据的市场价值已经高达84%。

印孚瑟斯有限公司创立人之一纳拉亚纳·穆尔蒂曾说过一句让人难忘的话：“那些每天晚上离开公司的人才是我们最重要的资产，我们要确保他们第二天还会回来上班。”

投资者对你领导的员工很感兴趣：他们是谁？他们能做些什么？他们的道德水平如何？他们对公司有融入感和热情吗？公司的领导力水平如何？

公司管理过程中出现的最严重的失误是什么？领导者把员工当作商品、数字而不是人，就这么简单。

——克雷·马蒂尔

领导者，尤其是公司领导人，往往沉迷于市场价值中的经济效益，而彻底忽略那些价值的创造者。虚假的自负感很容易让我

们变得过于忙碌，而忽略其他人的价值，变得懒惰，并陷入“控制欲”的泥潭，试图操控周围的一切人、事与物，而不愿意与他人进行有意义的深入交谈，继而错过激发他人天赋与动力的良机。

我们经常会联系一些公司的管理者或是领导人，他们认为自己懂得关心员工，并且员工们也能感受到这份关爱。但跟这些人的员工聊过之后，我们才发现这只是管理层的错觉罢了。

作为领导者，我们不想被他人欺骗，也不想成为那种这样描述结发妻子的男人：“当年我们俩结婚的时候，我对她说过‘我爱她’。自此以后，我觉得没必要再说这三个字了，如果我不再爱她，我早就告诉她了。”

所以，我们该怎么做呢？我们怎样才能成为真正关心他人，激发他人潜力的领导者呢？

答案就藏在对话技巧的本质与对话的质量中。

你可以从本书中获得什么

接下来的三章将深入剖析这三个领导力对话技巧，并告诉你如何成功使用这些技巧。心声对话会教你如何帮助团队成员发现他/她身上独特的天赋（点燃工作热情），让他们知道自己究竟有多棒。绩效对话会教你如何帮助每个个人树立有意义的目标，实现自己的价值。清除障碍对话将告诉你如何教导他人克服成功路上的艰难险阻。

你可以在任何时间、任何地点使用这些对话技巧，但人们还是找到了让对话技巧发挥效用的最佳顺序，尤其是对话的起始部分。因此，你可以结合自身需求选择谈话内容，每个技巧中的任何元素都可以在语言交流中灵活使用。事实上，杰出领导人的目标不仅仅是理解并掌握这三种正式的对话技巧，更要创建一个让这些技巧能够自然发生的非正式场合。

秘诀就在于将高效领导力对话技巧的语言环境熟记于心，换言之，就是在基本框架下，你可以随意选择谈话内容，帮助他人强化自身价值以及为集体做贡献、提高效率与增强自信的热情，尽可能拥有一条畅通无阻的成功之路。

从接下来三章中的任意一章，你都可以找到我们之前提到过的具象化的对话指南。本书最后附有全套对话指南，我们在指导和培训管理人员的过程中都曾使用过。指南中包含了所有关键问题，帮助你打开谈话的匣子。

我们为每一章都增加了讨论题，帮助你更深入地理解文章内容、处理具体问题时的选择和应该关注的重点。需要注意的是，指南中包含的问题都是进行实际对话的基础。此外，指南中还含有小提示，教你在谈话时掌握规避隐患的方法。

当你使用这三个对话技巧，特别是刚开始时，最好跟谈话对象一起阅读对话指南。不要犹豫，直接告诉你的谈话对象：“在进行今天的谈话时，我可能会用到指南中的一些问题，它对我们的谈话很有帮助，我们一起来看看能找到什么样的有趣话题。”这样做的好处就是指南会让谈话过程变得简单明了，体现出你的诚实坦率。告诉你的谈话对象："我们看的是同一个东西，让我们一起努力完成它。"

虽然指南对多数人大有帮助，但请记得，它只是一个工具。你无须原样照搬这些规则，你自己的理解也许同样奏效。充分理解后，你完全可以选择自己认为最行之有效的方式。第五章是关于对话基本规则的回顾，届时你会发现理解并学会使用贡献、信任、协同一致的自然规律，会帮助人类释放天赋，甚至应对日常挑战和工作压力。

每一章的末尾，我们都设计了问题供你研究探讨。我们建议你先进行独立思考，然后再与你信赖的人一同讨论。你也可以与自己的团队一起讨论这些问题，看释放天赋对个人、团队以及你们所在的公司或组织而言究竟意味着什么。如果你渴望拥有一支能够释放天赋的团队，这些问题的答案一定对你有所帮助。

剩下的内容是对对话指南具体内容的深入解析，指南会让谈话变得轻松、容易。即便是对新手而言，这些指南都会带来很好的谈话效果。余下的章节将你对指南的理解和使用划分出了不同的层次，它们会丰富你的个人阅历，显著提高对话的质量，帮助你和你的团队取得更喜人的成果。我们希望通读本书能让你有所收获，并能够和你的团队成员一起享受领导力对话带来的乐趣（参照附录一：领导力对话技巧指南）。

讨论题

1

结合本章内容，一位优秀的领导者应具备哪些品质？你身边的优秀领导者是否拥有这样的品质？

2

在你眼中，完成工作和关心同事哪个更重要？

3

你是如何理解“领导力是一门语言艺术”的？

4

进行领导力对话会对你和你的公司产生哪些积极影响？三个关于领导力的对话技巧为什么是释放天赋的关键？

5

你认为该如何释放自己和他人的天赋？

6

你是如何理解“即便一言不发，这也是一种与团队相处的方式”这句话的？

7

如果领导者把自己的员工当作宝贵的财富而不是必要的投资，这样做会产生什么结果？

8

为什么说对话技巧的顺序很重要？你认为在什么时候调整对话顺序会产生更好的效果？

2

第二章

心声对话

你是谁，你的价值是什么，你代表什么……这是你的精神支柱，你的指路明灯。它们不在书本里，而是藏于你的灵魂深处。

——安·马尔卡希
施乐公司前董事长/首席执行官

作者注

星期六一大早，我的手机就响了起来。来电显示，打电话的是亲密工作伙伴大卫，我赶紧接起了电话。

遗憾的是，大卫带来了一个坏消息。

“我想告诉你，我决定换工作了。”

大卫告诉我，早些时候，就有其他公司请他去工作。他和家人犹豫了很久，一直在考虑换工作会给家庭带来什么影响。

抱着试一试的想法，他打算问问自己的领导玛格丽特，看她有什么意见。他相信她的专业能力，很看重她的想法，希望听听她对这份新工作的看法。

“她狠狠地批评了我，”大卫说，“听到我想换工作，她特别愤怒。在此之前，我一直痛苦纠结，不知道该不该离职，现在我再也不纠结了。”

为了挽留住大卫，我给玛格丽特打了电话，还没等我开口，玛格丽特就向我坦白了她的想法。

“你打电话是为了大卫吧？我确实把事情弄糟了，”她说，“我打算星期一一大早再跟他谈一次。”

星期一，玛格丽特坐了下来，花了整整三个小时，诚恳地和大卫交谈，认真倾听大卫诉说，询问他对未来、家庭的期望。

他们一起讨论了他的天赋以及如何发挥他的才能，并且比较了大卫现在的工作与要换的工作之间的优劣。她问大卫在哪里才能“找到自己的心声”，将他的天赋、激情与机遇完美地结合在一起。

谢天谢地，他们的关系得以修复，大卫的想法也有所转变。终于有人愿意倾听他的想法，理解他，鼓励他，所以他留了下来。

直到今天，大卫还在这家公司工作，他很开心自己选择了留下。他热爱自己的工作，热爱自己的团队。如果当初真的损失了这样一个人才，那该多可惜啊。还好玛格丽特做出了让步，并且真诚地和大卫进行了对话，因为她做出了这样的选择，事情才得以出现转机。

每个人都想做有意义的工作。其实，主管和领导们想要的正是那些把价值和目标放在第一位的员工。当然，好的薪酬待遇是最低要求，但就算薪酬待遇没有理想中的那么好也没有关系，员工真正关心的是所从事的工作是否有意义。

20世纪中期，美国心理学家亚伯拉罕·马斯洛提出了人类需求层次模型，认为只有当基本的生理需求得到满足时，人们才会考虑实现自我价值、发挥自身潜力。然而，此后有大量的研究和实践表明，马斯洛只说对了一半，还是有很多人会把更高尚的人生追求摆在首位。当人们全身心地投入到自己认为至关重要的事业中去时，他们愿意为此做出巨大牺牲，甚至是以身体健康为代价也在所不惜。

当然，我们并不需要团队成员做出这样的牺牲，也不应该要求他们做出这样的牺牲，但我们必须认识到，“是否有意义”确实比其他因素重要得多。

达特茅斯学院研究员悉尼·芬克斯坦认为，意义和目标是人们是否能够从工作中获得满足感的两个最重要的因素。“把意义看得重一些，”他说，“员工更珍惜能让自己有所作为、能够创造价值的工作，为了增强员工的归属感，越来越多的企业和机构强调工作的意义和目标。”

当一个人发现自己能够做出独特贡献时，我们认为这个人找到了自己的价值。

在本章中，我们将讨论三个领导力对话技巧中的第一个——心声对话。这个技巧意在告诉领导者去倾听、去理解，以此帮助每一个团队成员发掘自己的价值，找到适合的位置，为个人、为

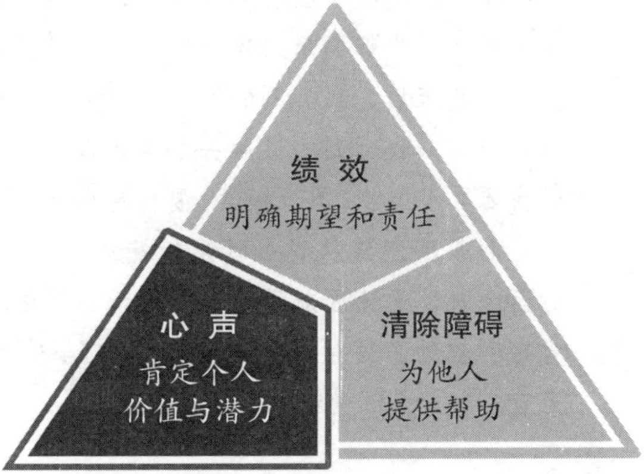

图2.1 心声对话

整个公司做出贡献。

你最重要的就是你的价值

有些朋友给你打电话，无须自我介绍，你就知道他们是谁。不用给他们定义铃声，也不用看来电显示，你也能分辨出他们，因为你很熟悉他们的声音。

你的声音就是你的名片，每个人的声音都很独特，在这个世界上绝对找不到第二个跟你拥有同样声音的人。不仅是因为每个人说话时声带振动的方式不一样，而且因为说话时，你表现出来的还有你的肢体、心灵、思维以及精神，而每个人都有独特的组合方式。

作者注

每每想起我怎么会如此自信，我的生活怎么会如此有意义，我都会想到我的母亲。在我18岁之前，每天清晨起床后，我听到的第一个声音就是母亲的，每晚入睡前，我听到的最后一个声音也是母亲的。她鼓励我要勇于追梦，勇于探索，要肯定自己，要憧憬未来。

我很感激她从我小时候起就源源不断地鼓励我。时至今日，无论面对逆境还是顺境，她依旧会给予我肯定和鼓励。我对那个声音太熟悉了，每每听到她的声音，我总是深受鼓舞。

我们和其他人交谈时，最有价值的话题就是“我们是谁”，“我们为什么而活”。很多人可能从来没有进行过这样的对话，那是因为他们没有找到一个值得信赖的人，一个可以深入交流的人。我们从未向别人坦白过自己内心最深处的想法和渴望，也没有告诉过别人我们最看重什么。对于很多人来说，从来没有人听到过自己的心声。

这真的太遗憾了，就因为没有敞开心扉的机会，很多人的潜力就这样被白白浪费掉了。

史蒂芬·R.柯维博士经常问听众这样一个问题：“你们当中有谁认为自己下属的热情、知识、天赋以及能力远远超出了工作所需？”几乎所有人都会把手举起来。

柯维博士认为优秀的领导能够帮助员工发现自己的价值，在《高效能人士的第八个习惯》一书中，柯维博士讲述了自己的价值是如何被发现的故事。

那时，他年纪轻轻，在做志愿工作。他的领导经验很丰富，给他安排了一份充满挑战的新工作。柯维博士是这样描述的：

他对我有信心，能够发现我身上的潜力，连我自己都不知道我有这样的潜力。他给了我一份新工作，让我的潜能得以释放，我接受了挑战并努力做到最好。这份工作让我的身体、思想、情感和精神都得到了释放，我看到了自己的成长，也看到了他人的成长。我发现了一些基本的领导模式和领导原则……我找到了适合自己的工作，愿意终生致力于释放他人的潜能。在这位领导的鼓舞下，我找到了自己的价值所在。

德勤公司2016年进行的一项“千禧调查”显示，44%的千禧一代表示将在未来两年内辞去现在的工作，“加盟一家新公司或进行一些不同的尝试”，因为他们很难从现有工作中获得认可，很难发挥天赋，提高技能，这让他们感到非常不满，也成为他们选择离职的关键因素。只有28%的人认为目前的工作能够充分发挥自己的技能，63%的人认为自己的领导才能没有得到培养。

盖洛普认为：“一位管理者能够给员工提供的最大福利就是帮他们找到合适的工作，让员工的天赋得到最大限度的释放，充分使用学到的技术和知识，帮助员工发挥并提高自己的能力。”

请想想自己公司的员工吧！因为没有人激发他们的潜能，点燃他们的热情，所以，他们无法释放自己，想想这样做的后果吧。

心声对话将帮你点燃这团火，它会帮助员工释放自己的天赋，做出独特的贡献，这是领导者最重要的责任。它不仅直接影响员工的满意度、工作能力与归属感，影响每个人是否愿意做贡献，能够做出多大的贡献，还会改善公司内部的企业文化，提高企业的市场价值。

员工的个人价值决定公司的市场价值

记住，公司的市场价值在很大程度上取决于市场对员工的认可程度、员工的综合实力，以及员工是否可以满足客户的需求。研究结果表明，公司近50%的市场价值是无形资产，比如人力资本。和其他资产一样，员工是否有价值取决于你如何利用他们的价值。

为了充分利用资产的价值，你需要尽可能地去了解它。公司的领导者大多根本不了解自己的员工，他们也许了解员工的工作，但对于员工有什么样的目标，对什么感兴趣，怎样可以激发他们却一无所知。

你了解自己的同事吗？你了解他们的目标、愿望、理想和动力吗？你真的了解他们的天赋、资历、能力、技能、智慧以及经验吗？你知道他们的原则、顾虑、公平感、正义感、诚信等隐藏在内心深处的价值观吗？你充分考虑过他们能够为公司做多大贡献吗？公司要求他们做什么？他们能做到什么？他们又愿意为公司做到什么呢？

诚然，员工与大楼、仪器设备、专利等有形资产不同，但我们确实将其称作人力资源。你也许应该扪心自问："我有没有认真研究过这些资源？我有没有深入挖掘过隐藏在这些资源中的价值？"当然，人的价值是无法估量的，但可以肯定的是，员工的价值远比你看到的还要多。

心声对话的4个要素

心声对话是释放天赋的有力工具，心声即个人价值。什么是发现你的价值？发现自己的价值为什么很重要？下面的对话指南将帮你弄清楚这些问题（见表2.1、表2.2）。

正如指南中所说，个人价值是天赋（你与生俱来的才能与能力)、热情(那些能够激励你、鼓舞你、给你动力、让你兴奋的东西)、需求(包括你能给社会做出的贡献)与良知(内心深处的低语，帮你辨别是非)的综合体。当你的良知驱使你去努力满足社会的需求时，当你全身心投入某份能够运用你的天赋、点燃你的热情的工作时，正如柯维博士所说："这就是你的个人价值所在，这就是你的使命，你的灵魂代码。"

心声对话包含四个方面，理想情况下，可以产生两个结果。第一，形成一份贡献宣言，帮助个人找到他/她独特的天赋与热情，并将之与公司的目标与要求结合起来。第二，营造环境，培养和鼓励员工说出自己的心声，发现自己的价值。

表2.1　个人价值的含义

三个领导力对话技巧

透明、公开的议程

个人价值

个人价值是一家公司的灵魂，将帮助机构生存、发展，并对世界未来产生深远的影响。

个人价值具有独特性，是属于每个人的。当我们面对人生巨大挑战的时候，个人价值才会体现出来，让我们有能力战胜困难。

个人价值是天赋(你与生俱来的才能与能力)、热情(那些能够激励你、鼓舞你、给你动力、让你兴奋的东西)、需求

（包括你能给社会做出的贡献）与良知（内心深处的低语，帮你辨别是非）的综合体。当你的良知驱使你去努力满足社会的需求时，当你全身心投入某份能够运用你的天赋、点燃你的热情的工作时，这就是你的个人价值所在，这就是你的使命，你的灵魂代码。

——史蒂芬·R.柯维《高效能人士的第八个习惯》

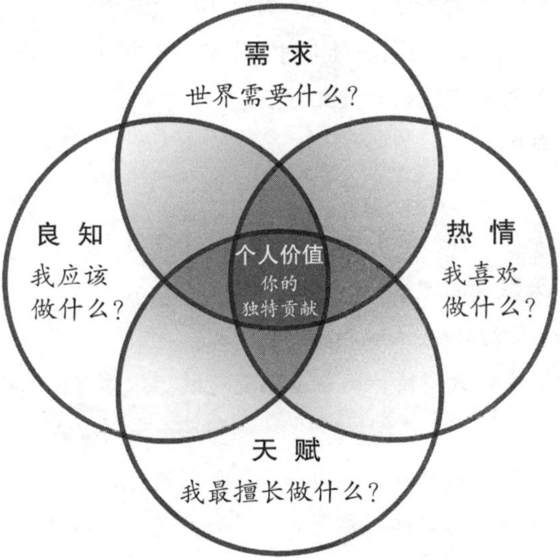

图2.2　个人价值的4个要素

需　求

（1）在客户、公司及市场中，你发现还有哪些需求和机遇？

（2）自己能做出的最大贡献是什么？

表2.2　4个要素的关键问题

三个领导力对话技巧

透明、公开的议程

个人价值

使用方法　认真考虑每个问题，找出自己的观点以及问题的答案，并与他人进行交流。

1. 需求（外在需求、内在需求）

（1）在客户、公司及市场中，你发现还有哪些需求和机遇？

（2）自己能做出的最大贡献是什么？

2. 热情

（1）一直以来，你最喜欢做什么？

（2）什么样的工作或机遇会让你兴奋不已？

3. 天赋

（1）你的兴趣、天赋和能力是什么？如何更好地培养和开发？

（2）有什么事情你现在虽然没有做，但你可以做得很好？

4. 良知

（1）对你来说最重要的价值和原则是什么？

（2）你觉得工作的哪个方面最好？怎样才能让它变得更有意义？

每个人或许都拥有出众的天赋、激情、美好的愿望，但如果不能和客户的需求联系起来，就无法彻底得到释放。就像一条坏损的电路，一个人可能拥有强大的力量，却无处施展。

在进行心声对话时，可以与之一起讨论下面的问题：

- 客户或关键受益人是谁?
- 别人是否真的需要这个人做出的贡献?他们会付钱来购买吗?
- 哪些需求和机遇可以带来使命感?
- 完成这项任务，达到这个目标的意义何在?
- 这么做的意义何在?
- 是否有要弥合的巨大差距?是否有要实现的目标?
- 如果不这样做，你会付出什么代价，会失去什么?

当然，满足需求并不一定会帮你赚大钱，也不一定带来丰厚的利润。公共服务旨在提供有价值的、令人愉悦的服务，人道主义机构值得我们投入更多热情与才能，它带给我们的回报是无法用金钱来衡量的。但对于以营利为目的的商业组织而言，就一定要找到肯为某种天赋或产品买单的消费者。

在提到个体必须做“一件事”才能做出最杰出的贡献时，请牢牢记住，在刚开始进行心声对话时，你和员工可能都不知道那件事是什么，这应该是个发现之旅。

以明星销售员史蒂夫和他的直接上司凯莉的故事为例。史蒂夫虽然很年轻，但这并不妨碍他不断进步。他总是第一个到公司，最后一个离开办公室。他非常成功，所以职业轨迹发展得很好。他有决心，有毅力，又很谦虚，从不过分引人注目。史蒂夫的领导凯莉很欣赏他，经常夸赞他，希望团队其他成员都能像史蒂夫一样。史蒂夫热爱自己的工作，虽然史蒂夫从未想过自己会做销售，但他很快就爱上了这份工作。

史蒂夫和凯莉所在的公司发展很快，需要招聘大量人才。多年来，公司一直靠外面的公司招聘人才，最终，公司决定组建自己的招聘队伍。毫无疑问，这是一份专业性很强的工作，但公司内部员工都没有相关经验。很快，公司领导就想到了史蒂夫。不过，史蒂夫本身也没有任何招聘经验。如果将他调离现在的岗位，去做招聘，那么公司的销售团队会失去重要的一员，而他非常喜欢现在的工作，如果接受调岗，就意味着他一切都要从头开始，而他未必能够胜任。

于是，凯莉和史蒂夫进行了一场心声对话。他们一起讨论了史蒂夫当下取得的成就，以及他的长远目标、才能和职业规划。通过谈话，凯莉得知，史蒂夫其实不喜欢安稳的生活，而喜欢接受挑战。他并不一定要成为首席执行官，他的终极目标是能够有所作为，成就有意义的工作。入职之前，他就有好几个工作机会，但他精挑细选，最后选择了这家公司，所以，他对公司很有归属感，很认可公司的发展目标。

通过这次谈话，史蒂夫和凯莉（她的销售团队可能会损失一员大将）都意识到，史蒂夫能为公司做出的最大贡献就是组建一支招聘队伍。

史蒂夫的销售任务不得不分给其他人来完成，在接下来的几年里，史蒂夫主要负责招聘新员工，他为公司招聘了几百名新员工。这些员工所取得的成就也有史蒂夫的功劳，史蒂夫与凯莉的这次谈话对公司产生了巨大的影响。

伟大的公仆型领导人都很谦虚，正因如此，他们甘愿牺牲自己的骄傲，在公司内外分享自己的能力和影响。遗憾的是，世界上还有很多只想得到精髓或其中的一些皮毛，却不愿意做出任何牺牲或一点贡献的人。

——史蒂芬 · R.柯维

热 情

（1）一直以来，你最喜欢做的事情是什么？

（2）什么样的工作或机遇会让你兴奋不已？

正如其他词语一样，在不同语境中，“热情”代表的含义也不同。热情有很多近义词，“兴奋”“热忱”等词语在表达人们的心声时，大致能表达出“热情”的意思。热情来自人们的内心，只有当人们谈过真正关心的事情，在感情最强烈的时候，才会产生热情。

在心声对话过程中，如果对方告诉你他/她热爱什么时，一定要记得问“为什么”。

有人可能会说，“我喜欢跑步。”

“你为什么喜欢跑步？”

- 我喜欢跑步带给我的感觉。
- 因为它可以让我的头脑保持清醒。

- 因为它让我有机会独处。

另一个人也许会说，“我喜欢创造、发明、创新。”

“你为什么喜欢创新呢？”

- 因为我喜欢和其他人一起发明创造时的那种活力。
- 因为我喜欢把想法变成现实时的那种激动和兴奋。
- 因为我感觉可以通过自己的力量让这个世界变得更好。

有时，你会听到多种多样的原因；有时，也许并没有什么特别的原因。正如史蒂夫·乔布斯说的那样：“你应该遵从自己内心的想法。把工作做好的方法只有一个，那就是一定要喜欢自己的工作。”

努力找到员工最关心的事情，它不仅能帮助员工把自己的天赋和热情与工作结合起来，还能让我们更关心自己的员工。有时，如果我们不了解一个人，不了解一件事，就很难真正关心他们。

一旦我们开始真正关心员工，自然而然地，我们就会想帮助他们把自己的热情投入到工作中去。有些人从来没能把热情投入到工作中，他们经常会这样说：

我真的不理解为什么有人会说喜欢自己的工作。在我看来，他们之所以“喜欢”自己的工作，不过是因为这份工作比其他工作好罢了，又或许他们根本没有自己的生活。如果工作是生活的全部，他们肯定别无所有。总之，我从未想过自己会喜欢这份工作，只不过我不得不靠它来赚钱，然后才能去做我真正想做的事情。

有这种想法的人肯定没有在工作中找到发挥自己才能的方

法。从他们的话语中不难看出，在他们看来，工作和梦想根本就没有任何关系。

当然，并不是每项任务都会让我们感到兴奋不已，但体贴的领导、教练或导师总能帮助他人将热爱的事情与工作联系起来。一个办法就是把员工热爱的事情与市场需求联系起来。

当你问人们准备如何推动个人职业发展时，绝大多数人没有明确的答案。相反，他们会说他们觉得不快乐，无法在工作中找到成就感，却又不知道如何是好。

——梅纳德 · 韦柏

和大家分享一下瓦法 · 马赫洛夫 · 赛雅迪的故事吧！她在位于地中海海滨的突尼斯长大。大学毕业后，她在环保产业找到了一份工作。但她并不满足，因为她知道自己还没有找到自身价值所在。有一天，她作为志愿者，去首都突尼斯市附近的海边清理垃圾。

赛雅迪发现垃圾随处可见，食品残渣、电冰箱、烤炉、动物尸体、渔网被随意丢弃在海边。震惊之余，她突然找到了自己想追求的事业，既能满足自己对辽阔沙滩的热爱，又能发挥她的专业特长。如今，她实现了自己的理想，她与地中海沿岸的市政当局合作，用机器清除海岸线上的垃圾，一起保护白沙碧海，赛雅迪终于又看到了自己热爱的干净整洁的海滩了。“有时候，我深夜才能回家，”她说，“但看着机器在海边忙碌，感觉心里暖暖的。”赛雅迪终于找到了自己的心声，把对海滩的热爱与保护环境的迫切需求结合在了一起。

道德良知也可以帮助人们找到自己热爱的事业。很多人在做“自己认为对的事情”时，充满了活力。他们觉得，做该做的事情一定可以满足人们的重要需求。

还有一些人建议大家“跟着自己的激情走”，换言之，如果找到了自己热爱的事情，就一定要做下去，但只有我们充分了解这个人，知道这个人不同的爱好可以共同作用时，这样的建议才有效果。如果人们选择的工作不能满足他人的需求，没有最大程度利用他们的天赋，或者违背了道德原则，那么这种热情不但不能成就他们，反而会毁了他们。

作为领导者，如果你既找不到自己热爱的事业，也不能帮助别人找到他们热爱的事业，那你就不是一个卓越的领导。一个人热爱的事业是要慢慢发掘的，不可能一蹴而就，需要一步一步、不断交流才能发现，认识到这一点至关重要。随着时间的推移，我们在不断变化、成长，我们会热爱不同的东西。作为领导者，要想激发人们的热情，必须有耐心。

天　赋

（1）你的兴趣、天赋和能力是什么？你准备怎么不断提升？

（2）有什么事情你目前虽然没做，但你其实很擅长？

天赋不仅是一种人类与生俱来或后天发展起来的能力，更是领导了解员工的镜子。从某种角度来说，人类身上蕴藏着很多天赋，每个人都有自己独特的天赋。你看到别人身上的天赋了吗？你知道自己的天赋是什么吗？

我们总以为天赋是那些神童、优秀的运动员或知名人士才拥有的东西。当然，确实有些人天赋异禀，不过，有研究显示，即使对于这些天赋异禀的人而言，他们要想取得卓越的成绩，也离不开热情，离不开刻意练习，离不开他人的鼓励和支持。

天赋是基因赐给我们的小小意外，也是赋予我们的责任。

——艾伦·里克曼

沃尔夫冈·阿玛多伊斯·莫扎特是一位天才作曲家，5岁时，他就能够弹奏钢琴和小提琴，还能谱曲。直到35岁逝世时，莫扎特共为世人留下了600多部作品，其中很多成为流传后世的经典之作。

这到底是得益于与生俱来的天赋，对音乐的狂热挚爱，还是父亲多年的严格刻意训练呢？关于莫扎特生平的一项研究显示，莫扎特之所以取得如此大的成就，是上述因素共同作用的结果。的确，莫扎特在音乐上拥有与生俱来的天赋，但这一切成就也要感谢他的父亲，是他在年幼的莫扎特身上发现了音乐天赋，并投入全部精力去培养他，甚至放弃了自己的音乐生涯，全心全意帮助儿子发现自己的心声。此外，怀着对音乐的狂热，莫扎特花了大量时间谱曲，练习、熟悉、掌握其他作曲家的作品，不断地旅行和演出，不断地精益求精，不断地升华自己的才华。

非比寻常的成绩是如何取得的，是什么激励人们不惜代价追求进步，是什么激励人们不惜代价帮助别人进步，我们已经了解了不少，很多关于天赋的根深蒂固的说法现在也有所改观了，但人们仍然在探索如何开发、提升和应用人们的才华。

记者、研究员马尔科姆·格拉德威尔的文章记录了人们对天赋看法的变化：

近一个世纪，世界各地的心理学家一直在进行一场激烈的辩论，我们大多数人以为这个问题的答案早有定论。

这个问题就是：天赋这个东西是否真的存在？很明显，答案是肯定的，成功是天赋与后天努力共同的产物。但这种观点有一定的问题。近代心理学家在仔细研究天才的职业生涯后发现，天赋发挥的作用越来越少，后天努力发挥的作用越来越大。

后来，科学界普遍趋向于这种观点：天赋的作用远不及后天的努力重要。从某种程度来说，大多数人都认可这个观点。不过我们并不想劝你接受这个观点，我们的目标是帮助你，作为领导者，更准确地看待这个问题。一旦你在审视自己和他人，以及与他人交流的过程中应用到这个原则，就会产生巨大的影响。

格拉德威尔认为，领导的任务就是要“共同培养”，要积极评价别人是否有天赋，并且积极帮助别人发展才能。那些忙忙碌碌的领导者眼光往往不够长远，他们把人才雇来后，就以为他们自己会成长，这样的领导者其实是把员工抛弃了。

当你说出“我打赌你不敢把它从我身边夺走”时，你一定已经找到了自己的使命。

——香农 · L.阿尔德

在谷歌，领导层非常重视人才的发展，人才培养是公司上下永恒的话题。“如果所有工程师都能充分发挥创新潜力，我们的公司会变成什么样？”类似的问题一直激励着公司上下不断交流。

谷歌一直在努力探索这些问题的答案。领导者运用工具来分析工程师们的工作差异，他们这样做，不是为了找到工程师们的弱点，而是希望发现员工的优势。差异即便再微小，也能从中看到背后隐藏的潜力。然后，他们可以想办法帮助工程师们释放自己的潜力。

你不需要效仿谷歌的做法，成立专门的人力资源分析部来释放员工的潜力。多问问这些肯定个人价值的问题，同样能帮助你达到这个目的：

- 如果你能在工作中释放自己的全部潜力，会有什么结果？
- 如果你能在工作中应用其他方面的天赋，你的工作会发生什么变化？

- 你的哪项优势没有得到充分利用？
- 你最希望发展哪些潜力和才能？
- 如果你的天赋和工作更加匹配，你的工作会发生什么变化？
- 你觉得我们应该怎么做？

多注意员工的其他方面也可以释放他们的天赋，仔细观察，仔细聆听，不要放过任何线索，找到员工的天分，然后进行一次心声对话，你一定会收获颇丰。

很多人走上真人秀的舞台展示自己的才能，当然，很多选手的才艺经过了多年的练习，不过真正让我们惊艳、让我们记住的是天生就有才能、未经任何打磨的选手。

你也许听过保罗·珀特斯的故事。在2007年第一季的英国达人秀中，这个手机导购员演唱了吉亚卡摩·普契尼的《今夜无人入睡》，震惊了全世界。当36岁的珀特斯紧张地走上舞台时，他并没有引起评委和观众的兴趣，可他一开口却让所有人大吃一惊，热泪盈眶。一曲唱罢，观众和评委都站起来为他鼓掌喝彩。后来，他赢得了冠军并开始了专业歌手生涯，他的演唱视频也成了YouTube史上点击量最高的节目之一。

没有人能想到在这个害羞谦恭的手机导购员身上竟然隐藏了如此惊人的天赋。虽然珀特斯早年也参加过一些非正式的表演，但因为一场自行车车祸，他感染了并发症，演唱生涯中断了。如果他与这次才艺秀的机会擦肩而过，那么全世界将错过一位顶级歌唱家的精彩表演。

有时，“一场上天的安排”能让一个人找到更好地施展自己天赋的地方。以玛琳为例，她是一家大公司的职员。她的表现一直很稳定，就是那种无论接受什么任务，都能在短短几小时内就完成得特别好的员工。遗憾的是，她是那家公司驻当地的唯一一位职员，因为与公司总部隔绝，没有人注意到玛琳身上蕴藏着非凡的天分。如果被问起，公司的高层领导一定会夸赞玛琳很有天分，而眼下，就算她从公司离职了，也不会有人注意，她的非凡天赋就这样被忽视了。

然而，公司的一次战略调整却给玛琳带来了改变的机会。公司的高管新设立了一个重要的发展目标，正因如此，公司内的很多职位都需要重新考虑人选。为了确认玛琳是否愿意调离现在的岗位，接受新的工作，直接为公司刚刚设定的目标而服务，玛琳的主管布莱特与她进行了一场心声对话。

通过交谈，玛琳知道，接受这份新工作就意味着要放弃自己熟悉的稳定工作，投身到一个充满挑战的未知领域（较大的组织调整往往会带来挑战和未知）。此外，她每天都要与公司的首席执行官协同工作。如果她成功了，将对公司的战略决策产生巨大影响，同时也会助推自己的职业生涯发展。但如果失败了，则会尽人皆知，她将承受巨大的痛苦。同时，她意识到，她的天赋和能力非常适合这份新工作，于是她决定勇敢试一试。

玛琳在新的岗位上大获成功，她的众多天赋逐渐显现出来，因为她的努力，公司成功地完成了这次艰难但卓有成效的转型。

作为领导者，你的职责就是找到员工的天赋，关注员工拥有的天赋，认可他们的天赋，帮助他们培养天赋，鼓励员工，为员工提供机会，让他们充分利用自己的天赋，最大限度地为公司做出贡献。平庸的领导者通常会这样想："我应该事无巨细地进行管理，应该不断鼓励员工，激励他们做出成绩。"而杰出的领导却是这样想的："为了实现终极目标，我一定要努力释放员工的天赋，激发他们的热情。"平庸的领导追求控制权，而杰出的领导懂得释放天赋。

良 知

（1）你认为最重要的价值观和原则是什么？

（2）你最喜欢工作的哪个方面？你如何把它变得更有意义？

长期以来，良知是心理学、社会学、宗教学和哲理文献中使用最广泛的概念，也是认可度最高的概念。良知就像一个罗盘，指引人们做出道德的选择，而这些选择符合自然法则，并能带来长期的积极影响。

良知有很多表述方法，比如：内心向导、内心智慧、内心声音等。大多数人应该还记得蟋蟀先生杰明尼的故事吧，它是迪斯尼动画片《木偶奇遇记》（改编自卡洛·科洛迪的童话故事《匹诺曹》）中良知的化身。每每提到它，几乎每个人内心都会有一种深邃、安静、有方向感的感受。只要稍加留意，生活就会变得更加美好。

倾听良知的声音是富兰克林柯维（FranklinCovey）所说的“寻找内心声音”的关键一步。作为领导者，我们需要倾听并重视员工对良知的看法。这不仅仅是因为我们不想碰触他们的禁忌，更是因为人们对良知的看法会对他们的生产力产生积极或消极的影响。

哈佛大学商学院的约翰·科特教授选取了20多个领域中的175家公司进行了调查分析，他发现，如果一家公司能够做到下面这四点：愿意征求客户、重要利益相关者和雇员的反馈意见，能够肯定他们的价值并为其树立明确的目标，愿意捍卫公司的价值观，愿意在市场中树立榜样，那么，这样的公司和领导者会更容易实现下列目标：

- 领导力更集中，时间管理得更好。
- 收益增长速度快4倍。
- 创造工作岗位的速度快7倍。
- 股价增长的速度快12倍。
- 平均利润提高750%。

作者注

几年前，我曾与全球最受赞誉的品牌之一——宝洁公司的高管们共事过一段时间。在一场晚宴上，他们跟我分享了公司的发展史和核心价值观，这些对公司文化产生了巨大影响。他们认为，公司之所以成功，主要得益于公司的核心价值观。他们告诉我：“大家会问‘我们应该怎么做才对’”，这个问题对公司的选择和决定产生了重要影响。

良知很容易被大家遗忘，所以应该经常组织“良知对话”，不断纠正团队的价值观。想一想：“我们究竟有没有按照价值观来行事？”然后坐下来共同分享。没有经过公开讨论与检验的价值观，很难产生特别大的影响。

我们必须时刻谨记，公司是没有良知的，良知存在于人的心中，这一点非常重要。如果个体丧失了良知，公司就会做不道德的事情，就会陷入危险。

如果公司不能帮助员工在实现工作目标的同时不忘良知，那么公司的发展战略、财务、文化、价值以及每个个体的贡献都将面临风险。下面这些有关良知的问题，能有效地帮助员工找到他们的心声：

- 你对公司的价值观和制度有什么看法？
- 我们能做到问心无愧吗？
- 哪项制度对你来说最重要？
- 如果不坚持原则，我们会面临什么样的风险？
- 你的良知有没有告诉你应该为公司做出什么贡献？

最后，所有问题都归结于一个：“你觉得你应该做什么？”一些关乎良知的问题也许会直接与需求相关：

- 你觉得你应该为客户做些什么？
- 你认为你的不足之处是什么？

● 有没有客户觉得你不够坦诚，甚至是欺骗了他/她？

另外一些良知问题或许与人们热爱的事情或天赋有关：

● 你觉得应该如何利用自己的天赋？

● 你觉得应该如何利用自己的能力与热情？

毫无疑问，作为领导者，我们才是良知的源头。只有当我们遵从了自己的良知与良好意图时，才会有效地帮助员工将自己的良知与天赋、热情相连。当我们建立起自己的良知联系时，我们的天赋和热情会得到更充分的释放，让我们变成更优秀的领导、导师或教练。

拥有良知的领导者往往：

● 树立“以人为本”而不是“物化”的模式。在他们看来，每个员工都是可以创造无限价值的独特个体，而不是用来互相交换的物品。

● 把他人的利益放在第一位。他们会持续关注员工是否变得更健康、更自由、更有能力，是否拥有更多的自主权，更愿意成为自己的领导者。人们往往更青睐把他人利益放在第一位的领导人，而不是那些以自我为中心，只注重自我发展、自我成长的领导。

● 不会违背自己的良知。大多数人会有意识地遵循自己的良知做事。但对于那些终日忙于化解危机的领导者而言，他们几乎没有时间去关注自己的员工，这样的领导人往往会做出一些草率的、不费力气甚至不太真诚的选择。员工们不会相信这样的领导，更不认为他们会帮助自己。据福布斯报道，超过80%的员工认为自己的领导并没有与自己坦诚相待。

- 不会盲目地自我迷恋。自负的人不会关心他人，只在意自己是否可以生存，是否感到喜悦，是否完成了自我完善。自负者的抱负极其自私，他们用小孩子划分“好人”“坏人”的方法去衡量自己是否受到了他人的威胁。而良知会化自负为民主，并升级成为集体意识、社会意识、全局意识和更伟大的善意。良知从服务、贡献的角度看待生活，为更多人提供安全感和满足感。

良知把热情转变为同理心，良知将同情心与同理心相融合，能使个体真诚地关心他人，并与之共同承担、分担痛苦，良知是个体间的热情相互依存的表达方式。

——史蒂芬 · R.柯维

我们通过安静的聆听，体会他人的感情和感受等方式了解良知。当我们能更轻易感受到自己的良知时，我们所做的每一个决定将以更深层的价值和长远的目的为出发点，而不再是盲目的一时冲动或短时间内的某种野心了。我们也可以通过寻找，进行严谨的心声对话等方式帮助他人建立自己的良知系统。

心声对话从哪些方面入手

领导通过谈话肯定员工的个人价值，展现自己对员工深沉而真诚的关怀，并将这样的信息传达给员工："我很看重你，很想知道你认为最重要的事情是什么。我很珍惜你独特的天赋与能力，也希望能帮助你找到并发掘出更多价值。我们可以一起找到一份能释放你最大价值的工作，让我们的团队取得更大的成功。"

进行心声对话时，你将拥有释放员工个人天赋与潜力的能力，这不仅会带给员工喜悦和个人满足感，还能显著提高公司人才资源的数量和品质。

正如其他两个对话技巧一样，心声对话绝不是一朝一夕就能完成的，而需要长期的坚持。有人跟我们分享了自己的领导是如何通过多次谈话，帮自己找到心声的。

在当了12年教师后，我决定辞职。虽然我很喜欢授课，但薪水少得可怜。学校是个让人心灰意懒的地方，无论我做什么，都没有人在意。于是我就在想，为什么不换个地方试试呢？在嫂子的介绍下，我认识了她的朋友理查德。他开了一家商务咨询公司，是我们社区里的名人。

理查德问了我很多问题：我都做过哪些事情？我喜欢做什么？我的家庭是什么样的？他似乎真的对我很感兴趣，我感到很惊讶，也备受鼓舞。随后，他邀请我帮他做一个项目。我知道他是在试探我的能力，但我真的对那个项目很感兴趣。我从未做过类似的工作，这让我有些害怕，但我受过的培训和教育都可以用在这个项目上。

他每次布置给我的任务都有些超出我的能力范围，我刚建立起来的那点自信很快就崩塌了。客户和同事经常批评我，这让我感到很沮丧。但理查德总会对大家说："等等，我们再仔细考虑一下这件事。"接下来的几周里，他总会把我叫到一旁，跟我聊天。我们从不讨论我犯的那些错误，而是一直在说我都学到了什么，我对未来的设想又发生了什么变化，然后我们一起讨论读过的书、我喜欢的音乐和他喜欢的钓鱼。现在回想起来，我觉得理查德并不是在教我或进行所谓的人力资源管理，他是真的对我这个人感兴趣。

理查德对我的信心终于有了回报，我在工作上变得得心应手，很多客户开始询问我他们应该在什么时候接受培训。最后，理查德又为我安排了一项充满挑战的任务——成为公司的领导，我又一次感到了恐惧，因为我从来没有学过如何做一位管理者。但他经常会给我打电话聊天，询问我觉得我们应该做什么，聆听我的意见，就好像我真的是一个杰出的商业顾问一样，我的精神和情绪再一次受到了鼓舞。他一直很重视我的想法、感受和抱负，这些谈话让我蜕变成了一位优秀的领导人。同时，在我为理查德培养更多的商业顾问的过程中，我也改变了他。

每当想到这些，虽然我的教师生涯同样需要遵循很多规则，但从没有一位领导像理查德那样在意我。很多事情证明，理查德不仅是我见过的最棒的领导者，也是最棒的朋友和老师。

理查德通过持续不断的情感交流帮助这位男士找到了自己的价值，他将对方的需求、热情、天赋和良知连在一起，帮助对方取得了杰出的成就，做出了积极的贡献。故事中的“我”原本是个表现平平的普通人，却因此唤醒了沉睡在自己体内的天赋。

与其他人才管理方式不同，心声对话之所以能展现关心的另一个原因就是，它将人的身体、心灵、思想和精神看作一个统一的整体，而大部分管理技巧都把关注重点放在了职业目标上，这种模式似乎更适合绩效对话。与此不同的是，心声对话中所有问题都将人的四种需求恰如其分地融合在了一起。

以下是一些你在任何领域都可能会用到的问题：

生活的目标和意义

- 在你的工作中，最有意义的部分是什么？
- 你将如何把它变得更有意义呢？
- 你是如何看待我们的团队成就的？
- 你觉得我们应该如何提高自己的贡献？

智力发展与技能发展

- 你最新学到了什么？
- 你喜欢读什么？
- 你最想和我们分享哪门课程？
- 你正在接受满足自身需要的技能培训吗？
- 你觉得自己可以将哪种技能教给他人？

社交与情感问题

- 你和其他团队成员关系如何?
- 你将如何更好地控制并充分参与到团队中去?
- 你是否在工作中找到了可以相互帮助的朋友?
- 你觉得我们应该如何完善团队气氛和团队精神?
- 你打算如何让整个团队表现得更出色?

在拥有创造力的人眼中，没有所谓的整体性，只有如何利用它。

——罗伯特·K.格林里夫

身体健康与财务状况

- 你的身体还好吗?
- 你在努力平衡工作和生活吗?
- 你希望改善哪部分的健康状况?
- 你实现自己的财务目标了吗?

我们建议你参考这些有关四项需求的问题，并与员工相互承诺，一起回答。在这些需求中，你能满足的部分越多，就越能展现自己对员工的关怀，从而释放更多天赋，留住更多人才。

乔治梅森大学的格雷格·安鲁教授给我们分享了一位极具潜力的领导人的故事。故事的主人公是一位MBA毕业生，进入公司工作后成长迅速，因此被寄予厚望。他却突然提出辞职，很多人问他为什么，他说："我只在工作中释放了十分之一的天赋。"

我们与全世界很多企业的领导者都合作过，在此期间，我们发现他们中很多人的思维模式还停留在工业时代，认为员工跟其他物品一样，都是可以用来交换的。我们的当务之急就是让这些人明白，在知识经济时代，他们作为领导人的工作应该是释放员工的天赋、热情，帮助员工做出更多贡献。只有当领导者真正将员工看作一个"完整的人"时，员工才能提高自己的工作效率。

谈话之后的成果

员工建立贡献宣言

心声对话会取得什么样的理想效果呢？

当人们找到自己的心声，将需求、热情、天赋与良知融合在一起时，才会真正了解自己的能力所在。一次正式的心声对话意在让员工对"贡献"一词有一个准确的定义，我们称之为贡献宣言。

以下是一些有关贡献宣言的例子：

- 我的贡献就是确保运送的每个液压组件都有极高的品质。每当我开始工作的时候，脑海中都会浮现出爸爸妈妈带着自己的孩子搭乘航班的画面。我必须对每个零部件的质量问题保持高度警觉，绝不能有一丝疏忽。对我而言，这就是我的第一职责。——塞夫，飞机制造公司质量检查员

- 我的贡献就是用自己的创造力和积极性为客户打造舒适的生活环境。我不仅是一位地产经纪人，更需要积极发现客户的真正需求和兴趣所在，为他们建造理想的房屋，带给他们最佳的生活体验。——优莉，房地产代理人

- 保持热薯条的温度，让杯中装满饮料，不需要客人再来找我续杯，就是我能带给他们的快乐。每天的工作就像一场只赢不输的游戏，我爱我的工作。——本特，快餐店服务员

- 我把对设计的热情都投入在了工作上，努力为客户设计出符合要求的、具有极高市场辨识度的产品，我的目标就是打造独一无二的设计作品。——彼得，平面设计师

在错综复杂的生活中，每个人都是独一无二的，人生的意义就在于贡献。

——迪帕克·乔普拉

如果每个员工都对自己的工作有着清晰的认识，公司会变得有何不同？员工们真的清楚自己的工作目标是什么吗？他们会为之兴奋吗？他们能否在工作中找到更多的价值？他们认为自己的天赋是否得到了充分的利用？他们找到自己的心声了吗？

那么你呢？如果你也能找到自己的贡献宣言，你会收到什么样的回馈呢？

组织提升效能与水平

领导和公司通过帮助员工寻找心声表达自己对员工的关怀，表示自己重视员工创造的价值。此举能够利用他人的能力为所有人创造利益，并再次阐明领导的职责是认可、释放并合理使用个人的天赋和能力，而不是单纯的管理与控制。

它再次强调了领导者的作用。请结合自己的亲身经历想一想，你是否曾经帮助他人找到了心声？你是否对自己的能力产生了更深刻的认识？

作者注

我作为管理者的第一份工作是在一家服务公司担任培训与发展部的部长，接受这份工作没多久，我就注意到了一位名叫凯西的助理。通过与她的交谈，我得知她是一名酷爱写作的英语专业硕士毕业生。她之所以选择这份工作，是因为她当时真的别无选择了。

写信作为我工作的一部分，占据了我很多时间。我突然想到，如果把写初稿的任务交给凯西，我们的工作效率将大大提高，她欣然接受了我的安排并且完成得非常出色。我先把具体的要求告诉她，她再用更简明扼要的语言在短时间内写完交给我，我只需要修改（稍作修改，都是一些必要的调整）并签署就可以了。因此，我们总能在更短的时间内，更出色地完成更多的任务。

我越来越相信凯西的工作能力。很快我意识到，如果让凯西帮我一起准备培训材料，她一定会做得更好。我再一次发现，只要她理解了我的意图，就能快速抓住并清晰梳理出来，她的初期准备甚至比书信初稿阶段更出色。过不了多久，我的助理就会成为主文案，并获得更多薪水。

在此过程中，我明白了很多事。第一，凯西真的很喜欢这份新工作。之前，她虽然已经在公司工作了好几个月，但潜能没有得到充分利用。这份新工作让她的能力得到了更充分的发挥，也让她找到了满足感，她最终一定会越做越好。

第二，在帮助凯西充分利用她天赋的过程中，我自己的天赋也得到了更好的发掘和使用。我善于归纳需求，寻找理想目标，并找到正确的方法，而凯西则善于抓住重点，梳理组织，并用文字将这些东西表达出来。我们找到了各自的优势，释放了自己的天赋，作为搭档一起工作后，我们的效率有了显著提高。

很久之后，我才领悟到了第三件事。当我调去其他部门担任主管后，我发现自己更善于发现眼前那些未被发掘的天赋与能力了，这也帮助我在领导者这条路上越走越好。

从组织的角度来看，只有当需求、热情、天赋和良知相结合时，只有当组织内的每一个人都擅长自己的工作，热爱自己的工作时，一个组织才能表现出色，才能找到自身的价值，而员工觉得自己所做的事情很有价值，可以做出自己独特的贡献，而不管是领导，还是顾客都喜欢他们的做事方式和做出的成绩。

只有这个时候，组织才能激发大家齐心协力，成为一个世界级的团队。

如何营造适合对话的氛围

正式的心声对话促进了贡献宣言的形成，它将个人与自己的心声连接起来，对顺利实现公司目标产生了重要的影响。持续的非正式对话为寻找心声的对话提供了温床，你可以在任何时候进行这种非正式的对话。

比如，当你注意到某人新学了一项技能或他的某种天赋即将显现时，你可以说：

- 我刚发现你解决问题的能力很强，你可以将复杂的局面层层简化，并最终找到答案。
- 这份工作你完成得非常出色，你能树立清晰的目标，专心做事，并按时完成任务。此外，你似乎对预算管理也有自己的一套。

或者，一个偶然的瞬间，你发现团队成员对某件事抱有极大的热情。

- 在讨论中，你非常投入，我都不知道你对讨论这么感兴趣。
- 我发现你对每个新人都很友善，能帮助他们迅速适应新的团队。

你也可以用一个词鼓励他们寻找自己的心声。

作者注

在我的职业生涯初期，公司任命我和另一位同事在距离公司2000英里外的城市创办公司的第一个驻外办事处。我被选作部门代表，与高级政府官员和公司领导交流。虽然我很感激这份工作，也很渴望拥有这次机会，但还是很担心。

在我就任新职务前，一位我很尊敬的领导找到了我，他知道我很紧张。我告诉他自己要离开部门，期待做出更大的成就，希望征询他的意见。他打断了我并直截了当地说："你也是公司的老员工了，不必事事都征询我的意见，你应该学会自己做决定。你不需要依赖我或者其他任何人，我相信你一定可以的。"

言简意赅！正是这次简短的谈话完全改变了我对自己和自己能力的看法。我告诫自己，绝不能辜负他对我的信任。虽然只是短短的几句话，却给了我面对挑战的勇气。

这些年来，我们一直在跟客户讨论那些曾帮助他们找到心声，并在他们毫无自信的时候给予他们信任的人——这些领导为他们安排了他们认为超出自己能力范围的工作。他们分享了自己与那些教会他们去爱的导师们、教练们的故事。他们通常会这样说：

- 他很信任我。
- 她看出了我很多连我自己都没注意到的能力。
- 他那么信任我，我不想让他失望。
- 她很关心我，愿意倾听我的心声，帮助我找到了那些我自己都未曾发掘的能力。

- 他给我安排了一份富有挑战性的工作，并在我面临艰难抉择时，给予了我信任和支持。
- 当我犯错时，他从不惩罚我，或是责怪其他人。相反，他会营造出一种学习氛围，我们可以开诚布公地探讨和反思如何把工作做得更好。

他们的每句话中都流露出易于察觉的尊重之情，我们惊奇地发现，在谈话过程中，几乎所有人都能想起那个让他们变得更好的人。作家布莱恩·李发现，我们尊敬的都是那些曾带给我们深刻影响的人。他们相信我们，即使在我们不自信的时候，也给予了我们坚定的信任。

这就是心声对话所展现的能量，它并不需要我们寻找全新的天赋或能力，而是让我们把那些已经拥有却未曾发现的能量找出来并发扬光大。当你帮助他人找到并投入到自身心声中时，你的影响力也会随之加强，而这一切往往都发生在你与员工的日常交流中。

一切从你开始

我们该怎么做呢？简而言之，就是与一个又一个人进行一场又一场对话。一切都需要从你开始。

- 你才是那个决定发现并珍视每个人需求的人。
- 你才是那个为了实现目标，决定培养员工工作热情的人。

- 你才是那个决定寻找、认可并促进员工天赋发展的人。
- 你才是那个决定在员工间发挥良知与信念力量的人。

最重要的是，你就是那个树立榜样的人。在帮助员工寻找心声的过程中，你能做到的最重要的一件事就是先找到自己的心声。当你心中的热情已经消散不见的时候，任何帮助员工点燃热情的尝试都是徒劳无功的。换言之，如果你能时常想想自己的心声，并坚持与他人进行心声对话，他们一定能找到自己心中的那团火。

作者注

几年前，我与史蒂芬·R.柯维博士聊起了他很早之前写过的一篇文章，那篇文章对我产生了巨大的影响。他跟我分享了那篇文章的创作过程，以及他是如何深入洞察领导者所扮演的角色的。领导者的角色，不仅是其著作《高效能人士的七个习惯》的创作基础，更是他毕生研究的核心内容。同时，它也是我在过去50年间，扮演领导者并培训领导者的基础所在。

那晚，柯维博士在撰写一篇关于帮助领导者监督公司培训师的文章，工作到很晚都没有休息。一直以来，他都努力尝试去理解领导者怎样才能做到最好。突然间，他领悟到领导者最重要的角色是帮助员工学会负责和自律，最行之有效的方法就是：（1）将公认的、永恒的，能产生积极效果的原则教给员工；（2）教导员工树立自己的目标，获得理想的结果；（3）在员工努力完成任务，实现自己的目标时，适时地向他们提供帮助。这个发现让他兴奋不已，第二天一大早，他就冲到同事面前，与他们分享自己的发现，随后，他用尽毕生精力不断探索、发展、应用自己的理论，并将它教给其他人。

在我研究高效领导者的这些有力原则时，柯维博士结合自身经历创作出的文章给了我很大的启发，但更重要的是，柯维博士的故事和他的热情点燃了我立志要研究领导力的重要性并发掘自己的领导策略的斗志。

当我们公开认可了他人的能力与天赋，并点燃了他们的热情时，这些人就会对自己产生更清晰的认识，并拥有提高自身能力的力量。

作者注

让我自身受益最大的心声对话发生在我与孩子之间。从他们很小的时候起，每个月，我都会坐下来和他们每个人进行一对一谈话。每次，我们都会选择一个安静的房间坐下，然后我会全神贯注地聆听孩子们所说的每一句话，让他们知道我对他们的每句话都很感兴趣，并且在认真倾听。同时，我会准备笔和纸，并时不时问他们一些问题。

- 生活中哪件事会让你感到兴奋？
- 你是如何使用自己天赋的？
- 你是如何帮助家人和朋友的？
- 你对未来有什么计划吗？
- 你觉得自己支配时间的方式怎么样？
- 你最想做什么？

交谈时，我一直在听，他们愿意跟我分享自己的梦想、恐惧和面临的挑战，让我动力十足、备受鼓舞。作为父亲，我会尽我所能向他们提供指导，帮助他们进行思考并自己解决问题。有时，只要一起认真思考，就能找到解决问题的办法。

我还会跟他们聊聊我发现的他们身上的潜力，比如：

“卢克，总有十几、二十个同学喜欢跟你在一起，这真有趣。大家喜欢跟你一起玩是因为你是个风趣的人，他们喜欢你身上的幽默感，喜欢你的性格。你总能让身边的人感到舒服。”

“麦凯，你真是个好孩子。你有很强的求知欲，总是那么善良、体贴、快乐而乐观。你不记仇，也很少感到沮丧，你真是身边朋友的好榜样。”

我总是大声地告诉孩子们他们身上那些未曾被发掘的东西，这种肯定能提高孩子的自我意识，增强他们的自信。有一次，我偶遇了一个男孩。起初，他拒绝与我交流，后来却跟我聊了一个多小时，甚至不愿意让我离开！

提示：谈话时应避免的态度

每当你与他人进行心声对话时，都有一些注意事项。领导者在进行谈话时，应尽量避免出现下列，即表2.3中提到的态度。

- 所谓的“心声”根本不重要，我的工作就是确保员工完成自己的工作。
- 我会把对员工潜力的评价写进他们的年度考核中去。
- 这件事，等我有时间再做吧。

- 只要员工们各司其职，谁会在乎他们是否充满热情呢？
- 我相信员工们一定很信任我，愿意跟我分享那些对他们很重要的事。
- 我知道什么对他们来说才是最重要的。
- 只要能赚钱，这有什么大不了的？

这些态度和看法否定了心声对话的根本目的，不过是物化管理者而非人性化管理者所持有的假设罢了。

你不妨花一分钟时间好好审视一下自己的态度。上述这些假设是否反映了你的态度或看法？如果答案是肯定的，请仔细想想这样的态度会产生什么影响，并重新考虑一下自己的管理方法吧。

充分点燃员工的天赋、能量、责任感和协同意识，使其努力做到最好，需要同时满足这些条件：认可每个团队成员的价值，

表2.3 提示

三个领导力对话技巧

透明、公开的议程

关于心声对话的提示

应避免的态度：

- 所谓的“心声”根本不重要，我的工作就是确保员工完成自己的工作。

- 我会把对员工潜力的评价写进他们的年度考核中去。
- 这件事，等我有时间再做吧。
- 只要员工们各司其职，谁会在乎他们是否充满热情呢?
- 我相信员工们一定很信任我，愿意跟我分享那些对他们很重要的事。
- 我知道什么对他们来说才是最重要的。
- 只要能赚钱，这有什么大不了的?

真正关心并帮助他们发掘自己的天赋与热情，帮他们找到能够让他们感到快乐，并能实现自己最大价值的工作岗位。

结语

心声提供了工作意图，工作意图揭示了工作的意义。是的，为了维持公司良好运转并取得成功，我们不但要做，更应该做好自己的工作。当我们把工作看作满足某种重要需求的方式时，就会不断发掘潜力，努力完成这项工作，这时，工作才有意义可言，这是我们从生存走向伟大的必经之路。通过心声对话帮助自己和他人找到这条路，才使杰出领导力的形成成为可能。

讨 论 题

1

心声对话为什么不能一蹴而就，而需要长期坚持?

2

如果你发现一个人擅长或热爱的工作没有存在的必要，你会怎么做?

3

你觉得应该和哪些人进行心声对话?

4

当一个人热爱工作时，他会有什么变化？你如何判断一个人是否喜欢自己的工作?

5

在进行心声对话时，真诚的倾听为什么如此重要？这种对话会对人际关系有怎样的影响?

⑥

你的员工是否有未被发掘的潜力和能力？如果对方不愿意把热情和天赋投入工作，你会怎么做？

⑦

你自己可以做出什么独特的贡献？你自己的心声又是什么呢？

3

第三章

绩效对话

领导者最重要的工作就是帮助员工分清主次。

——罗纳德·A.海菲兹《领导大不易》

作者注

刚入职时，我遇到了一位优秀的领导，正是他教会了我如何做生意。他领导着一个20人的部门，每周一早上，我们都会开例会。会上，我们会一起反思任务和策略，检查资金往来情况。例会重点是我们的工作表现是否优秀，任务完成情况如何，我们是否创造了价值。虽然我们都很关心是否完成了工作任务，是否盈利，不过，不管是个人，还是团队，我们的目标远不止这些。我们深知，自己的工作正在改变他人的生活，我们经常分享这样的故事。

我们团队的协同合作能力很强，每个成员都力争做到最好，努力完成工作任务。我们每个人都知道自己很重要，每个人的表现将对整个团队的战略和发展产生影响，谁也不想拖后腿。团队氛围轻松快乐，大家都很团结，相互信任，像一家人一样。在我们看来，每位成员都可以对团队做出独特的贡献。

主管会定期与大家进行一对一面谈，根据我们达成的绩效协议，对我们近期的工作进行总结。协议中明确写出了部门对每个员工的要求，包括目标、方式、方法和时间表。总结过后，我们会根据需要，不断提

> 高自己的工作水平，或者进行适当的调整，这些绩效协议是建立并维持团队成员间高度信任的关键。我坚信，包括主管在内的所有团队成员会互相帮助，相互扶持，成为彼此的力量源泉。如果我有需要，他们一定会帮助我，指导我，支持我。我百分之百地信任我的主管，因为他不断向我表达出他对我的信心。反过来，当我觉得自己太过年轻或者经验不足，无法完成某项工作任务时，主管总是相信我能够胜任这项工作。他总能让我感受到他很重视我，信任我，我的工作对整个团队而言不可或缺。
>
> 这是我职业生涯中最美好的一段时光，连续三年，我们部门的收益和利润一直排在公司榜首。我认为，我们团队之所以能够成功，团队成员之所以工作积极主动，与主管高超的领导才能和对员工的支持密不可分。在我工作生涯的早期，他既是我的导师，也是我努力学习的对象。

你是否曾经也是这种优秀团队中的一员呢？你是否也曾跟这样一群能力强、充满渴望和热情、乐于奉献的人一起共事呢？你所在的团队是否也曾取得过杰出的成就呢？如果答案是肯定的，你是否常常会想起这个团队的故事呢？你是否常常会向别人讲述这个团队的故事呢？这是你生命中最美好的一段时光吗？

你是如何看待领导维护你、支持你、忠实于你这件事情呢？如果每个成员都有清晰的愿景和目标，你们的团队会发生怎样的变化？每个人是否都认真挖掘过自己的内在能量？你是否一直关心事情的进展情况？是否一直关心项目是不是快要成功了？你享受过成功带来的乐趣吗？

在这个世界上，有很多伟大的团队，如运动队、服务团队、辩论队、工作团队等，这样的团队都拥有一个共同的特点，那就是优异的表现与成就。

管理学专家霍华德·M.加特曼是这样定义高效能团队的：

一个高效的团队是一个高效协同合作的整体，各位成员不断为了实现更远大的目标而共同努力。团队成员均认可公司的根本运营策略和经营目标，包括领导在内的团队成员分工明确，不断调整职责划分，使各成员相互扶持，相互帮助，共同对结果负责。公司有明确的规章制度来进行决策，解决纷争，规范团队行为。

在这样的团队中，一切都是公开透明的，团队成员会彼此放下戒心，不会"伏击对方"。这样的高效团队在运转过程中，每位成员都会拥有一种集体责任感。

简而言之，高效团队的成员清楚自己的目标是什么，任务是什么，懂得如何保持已取得的成绩，如何做出决定，如何解决纠纷，如何不断进步。在这样的高效团队中，集体利益总是高于个人利益。

在代表作《第五项修炼》中，系统动力学家彼得·M.圣吉揭示了优秀团队的核心本质：

如果你问人们作为优秀团队的一员最大的感受是什么时，往往最让他们难忘的就是：这次宝贵的体验让他们找到了意义。他

们是团队的一员，彼此密切合作，更加具有创造力。很多人都认为这次宝贵的经历将成为生命中最充实的一段时光，为此，他们甚至不惜花毕生精力去寻找，渴望能够再次拥有这种精神。

如果你想成为一名优秀的领导者、教练或导师，首要任务就是组建一支高效的团队。这是因为：

- **在当今的企业中，个体很难适应企业的高速发展和创新速度**。优秀的领导人不再依靠一己之力制定重要决策了，光靠一己之力根本不可能持久。就算领导一个人能够撑得住，他的这种做法也会形成一种因循依赖的文化，员工们肯定会唯唯诺诺，整天只知道抱怨，不愿意主动思考，这种做法很难释放员工的天赋，团队很难取得杰出的成就。当下的优秀领导者会平等地看待每位员工，聆听他们的心声。
- **科技快速发展，高层领导不再控制信息源**。领导者不再像以前一样掌握最多的信息，知识也不再是他们的私有物品。在信息共享、搜索引擎和各类简讯流行的今天，每个人都有获取信息的平等机会，这对释放个人天赋起到了极大的推动作用。
- **积极向上的员工参与度更高，工作效率也更高**。盖洛普公司的最新研究表明，如果一家公司的员工参与度高于平均水平，那么与其他公司相比，这家公司的利润将提高22%，生产率提高21%，人员流动率将降低25%。
- **积极向上的员工更容易与公司保持一致目标**。员工越了解公司的目标，公司给他们的自由空间越大，他们就越能找到释放天赋、提高技能的方法，公司的目标就越容易实现。高效公司往往上下目标一致，善于精简建制，减少资源浪费。

如果我们太在意别人的看法，总是暗示自己“你不够优秀”，就很难脱颖而出。最终，我们会浪费时间，不断寻找自己的价值，而不能真正发挥自己的价值。

——布琳 · 布朗

那么，为什么一些领导者无法建立一支高效的团队呢？

大多是因为他们不知道要用真诚、简单、积极的方式与员工沟通，提高员工的工作能力，而且他们也缺乏相应的技巧。换言之，他们不善于进行绩效对话。他们仍停留在陈旧的思维模式上，即他们热衷掌权，拒绝与员工分享信息，担心其他人受到表扬，拒绝伸出援手，因为担心失败而拒绝相信自己的员工。

失败的领导者其中一个标志就是进行令人生畏的绩效评估。

传统的绩效评估为什么没有效果

按照惯例，很多机构都有人才管理系统，这个系统会进行规划，领导根据规划约见不同员工，一起评估员工的工作表现。评估频率可能是一年一次，一年两次，每季度一次等。

在谈话中，领导和员工会一起探讨他们的工作策略、记分卡、关键绩效指标或目标陈述，领导会对员工的工作表现给予评价

（多数是负面，有时夹杂着不痛不痒的评价）。有时，员工会许下承诺，听起来振聋发聩，但实际上大多数都很模糊。谈话结束后，他们又陷入实际工作的泥潭。有时，他们记得自己填过某个表，但都想不起来自己到底写了什么。

几乎每个人在内心深处都对这种绩效评估深恶痛绝。

一些专家认为这种绩效评估是“伪善的”，有时甚至是“阴险的”“有害的”“自负的”或“虚假的”。这种考评会营造出一种不健康的竞争氛围，害得员工们相互对立，“既没有用也没有效率”。这种考评带有很强的偏见，事实上，一项研究显示，将近三分之二的考评只能反映出考评官所持有的某种偏见，与员工几乎没有什么关系。

很多大学对绩效评估进行过研究，至少有三所重点大学的研究显示，不管是考评人还是被考评者，多数人都厌恶这类考评，考评甚至“会对最优秀、最勤奋的员工产生负面的影响”。绩效考评专家凯文·墨菲认为：“年度考评并不能为员工和领导者提供有价值的信息，反而会引起焦虑和烦恼。”

仔细想想，你都觉得不可思议。人们每天都去上班，拼尽全力，忙得不可开交，还经常加班，承受着巨大的压力和忧虑，虽然厌恶却还要周而复始地忍受这种奇怪的事情。更让人不可思议的是，这种考评根本百无一用，可人们还是在做这种考评。一旦工作中出了问题，人们不知所措，便开始互相挑剔，互相指责，领导怪员工表现太差，员工怪领导管理不善。

尽管如此，绩效评估依旧随处可见，几乎每个人都不得不面对它。

这是为什么呢？既然大家都讨厌绩效评估，而绩效评估大多毫无用处，为什么各家公司还要建立这样的考评制度呢？既然员工的工作表现如此重要，为什么没能得到妥善对待？

我们认为，这很大程度上是因为领导们不知道还有更好的选择。

与员工沟通，评价他们在工作中的表现很重要。“每天都应该进行这样的对话，”加利福尼亚大学洛杉矶分校安德森管理学院的塞缪尔·A.卡尔伯特教授说过，“员工们需要的是诚实可靠的评价，而不是那种虚假的评论。他们需要的是基于需求的评价，而不是在固定的日子去听别人随随便便指手画脚。他们需要的是能激励自己、提升自己的评价，而不是佯装出的完美。”

为什么不能用点聪明才智，及时经常地进行这种谈话呢？总的来说，主要是因为领导们不知道该如何进行这样的对话，他们太忙了，完全顾不上。

本章将教你如何进行这样的“绩效对话”（见图3.1）。

为了提升工作绩效，领导与整个团队或与团队成员之间进行的正式谈话，需要树立共同的愿景，认清五个要素，并将这些共识以书面协议的形式记录下来。签订协议旨在鼓励你与员工并肩作战，而不是为了让员工为你工作，更不是为了让员工服从你的指令，我们将这种协议称为“共赢协议”，因为它能同时为个体

图3.1 绩效对话

和公司带来利益。

公司内部随时可以进行非正式的谈话，以提升个人绩效。通过非正式谈话，领导者可以不断强化共赢协议的作用。在问题刚出现时，影响还比较小，而时间也来得及，领导可以快速解决这些问题，把负面的影响降低到最小。

一旦你真正明白传统绩效评估和绩效对话之间的区别后，我们相信，你也会和我们得到同样的结论，这个结论放到世界各地的各大公司都适用：用正式或非正式的谈话来提升个人绩效，远比领导者以为的紧急的日常工作重要得多。事实上，进行了这些谈话，这些紧急的日常工作可能都不存在了，或者其本质会发生改变。经常进行这样的谈话可以形成一种高效的企业文化。在这种氛围中，员工能够全心全意地工作，最好地发挥自己的能力，从而做出令人惊喜的成绩。

绩效对话不同于传统评估

绩效对话与传统的绩效评估之间存在着明显的差异，前者会让领导者忘记自我，放弃“自己是最聪明的人、是领导、是实干家、是英雄”的想法，与员工共同协作，共同创造，树立共同的目标和任务。

领导者与员工双方共同拥有清晰的目标能产生巨大的力量。回忆一下，你上一次对某人的表现感到失望是什么时候？想想你上次让其他人失望是什么时候？目标真的明确吗？或者说，你们只是假想出了各种目标就开始行动呢？绩效对话能把员工置于同一层面上，让他们明确目标，从而避免上下目标不一致的问题。

同时，经常进行这样的对话，员工们会感到很兴奋，会全身心投入工作，因为他们可以自己决定如何提升工作绩效，并做出独特的贡献。事实上，只有在知道自己可以做出贡献的情况下，人们才会觉得自己的工作有意义，他们的天赋才能被释放，激情才能被点燃。

如何强调心声对话与绩效对话之间的关系也不为过。心声对话旨在发现员工的目标和天赋，从逻辑上来说，我们需要先进行心声对话，这样才能在绩效对话中，将员工的能力和目标与公司的整体目标结合起来。所以，在绩效对话中，我们可以引用在心声对话中提到的贡献声明，指导员工树立正确的目标。

谈话进行到一半时，你可以将两种对话的各种元素结合起来。比如，在一次正式的绩效对话中，当你和员工按照指南一一探讨时，可能会提出这样的问题：

“瑞克，我注意到当我们谈论起‘某项具体任务’时，你表现得非常兴奋，你能告诉我你为什么对它这么感兴趣吗？”认真聆听瑞克的回答后，你可以说：“这很有趣，我想和你再多聊聊这一点。请你再看看这本指南吧，这是一篇心声对话指南。我们可以再约一个时间，一起谈谈那些你觉得很重要、你感兴趣的事情。”在非正式的绩效对话中，你也可以提出类似的建议。

与绩效评估不同，绩效对话没有固定的时间安排，所以不会令人畏惧。领导者和员工经常会进行这样的谈话，不仅内容丰富，而且双方都很期待这样的对话。通过谈话，领导者和员工都能找到提升工作绩效的方法，获得巨大的满足感。

表3.1中列出了绩效评估和绩效对话之间的主要差异，让我们一起深入探讨一下这些差异。

表3.1　绩效评估与绩效对话的差异

绩效评估	绩效对话
一年一次，或一年两次	经常进行，有时甚至可以在一天内进行多次
回顾过去	设想未来

绩效评估	绩效对话
目标不清楚、不现实	目标明确，与自身能力相匹配，并且与公司的目标一致
行动步骤不明确	实现目标的行动步骤很明确
负面评价，夹杂着不痛不痒的评论	着眼于未来的积极评价
结果：过几天就忘记了	结果：可以产出明确、可考量，并不断跟踪记录的成果

时机 绩效评估很正式，提前已经规划好了，而且频率很低，而绩效对话频率相对较高，有正式和非正式两种形式。正式的绩效对话很少，主要是为了帮助双方把握工作的大方向，而非正式谈话甚至在一天之内就可以做几次。在谈话中，双方随时可以探讨工作中遇到的各种问题，而不用等问题出现很久，甚至被遗忘后才想起来要讨论。

定位 绩效评估主要是对过去半年或一年中工作表现的回顾，关注的重点是发生了什么，而不是可能发生什么。相反，绩效对话关注的重点是当下和未来。所以，卡尔伯特教授没有用“工作回顾”这个词，而是将之称作“工作预览”。

目标 绩效评估通常给员工设定太多的目标，目标也不清晰，无法考量。而绩效对话对员工的期望值很明确，可以帮助员工树立明确、可考量、与自身能力相匹配的目标（所以员工充满动力），同时能让员工的目标与公司的目标保持一致（见表3.2）。

表3.2　绩效对话的目标

不是	而是
注意提升质量	到季度末，在六西格玛质量认证中获得一条绿带
提升人际交往能力	在5月31日前完成三个模块的沟通培训任务
在下个季度提高销售额	在12月1日前，从潜在的一线客户中找到三个客户，并开始为其提供服务

如果领导者与员工不断进行非正式的绩效对话，共同讨论公司目标，那么员工就会牢牢记住这些目标，并以实现目标为动力。同时，领导和员工将探讨如何利用机遇，更好地实现目标。

行动步骤　员工在参加绩效评估后，根本不知道如何完成任务，而进行绩效对话后，员工清楚地知道该怎么做才能完成工作任务。此外，员工只需要对那些在自己能力范围内的事情负责，而这些事情往往是他们自己提议的。

建立自信　绩效评估通常是对过去的工作表现，尤其是不足之处进行评价，所谓的正面评价也不过是一些不痛不痒的官话罢了。而绩效对话则放眼于未来，进行积极正面的评价，旨在找到办法实现工作目标，而这些目标恰恰是为了帮助人们发挥自己的能力。

结果 公司每年进行绩效评估的次数较少，时间间隔较长，员工们忙忙碌碌，很容易会把考评结果忘掉，直到下一次考评快开始了，人们才能想起来有这么回事。平常实在是太忙了，在前一次考评中设定的目标早被抛诸脑后。相反，正式的绩效对话最终可以在双方之间达成共赢协议。在协议中，双方明确就提高工作表现的五个元素达成了一致意见。此外，非正式的谈话不受时间的限制，领导和员工可以随时沟通，探讨工作目标，解决遇到的问题。谈话双方都明确目标所在，所以可以共同庆祝成功。

绩效对话的5个要素

绩效对话意在促进双方达成一份协议，这份协议明确了工作的优先级与重点，阐明了工作进度，在双方之间建立起了信任，从而提升了员工的绩效。

愿意进行这样的谈话，说明领导者关心员工，而这种关心不但有意义，而且可以衡量。领导们通常会说："我喜欢通过这种简单的对话来了解你的工作进展，希望我们双方对预期目标和评价标准都有清晰的认识。我希望你对自己的出色表现感到满意，因为你的工作，整个团队才可能取得成功。请你相信我，如果你在工作上遇到了困难，我们可以共同探讨，找到解决问题的方法。"

此外，进行绩效对话也说明领导真心在乎这份工作，这就是为什么领导者必须让公司和员工实现双赢的原因。领导是否关心工作本身对释放团队成员的天赋也有重要的影响，举个例子来说，如果你从事的是医疗行业，而你的领导根本不在乎能够给病人提供什么样的医疗服务，你还能和他共事吗？如果领导在乎工作，员工自然会深受鼓舞，更在乎自己的工作。

在正式的绩效对话中，领导和员工需要就以下五个要素达成共识：

1. 目标（什么最重要，为什么）
2. 行动指南（如何完成工作）
3. 资源（员工会用到什么资源）
4. 责任（如何跟踪记录，如何提升工作绩效）
5. 结果（如何让所有人从中获益）

当员工与领导就以上五个要素达成共识后，不但可以形成书面的双赢协议，还会为以后随时进行非正式的绩效对话奠定基础（见表3.3和表3.4）。

表3.3　工作绩效的含义

三个领导力对话技巧

透明、公开的议程

工作绩效

如果绩效对话进行得顺利，那么员工和领导会达成以下共识：什么是最重要的？为什么最重要？如何实现重要目标？如何跟踪进展情况？如何提高改善？员工可以了解公司的整体愿景、任务、策略和发展目标，并为之而努力。这种谈话并不是单方面进行长篇大论，特别是对于那些老员工而言，双方都应该参与到谈话中来，最终使三方受益：不但公司和领导者能从中受益，员工可以将自己最重要的目标和公司的目标匹配起来，从而在为公司奋斗的过程中实现自己的目标。

——选自《释放天赋：激活潜能的三种领导力对话》

每个人都有很多有价值的想法，它们就像火种，只有遇到其他人的热情或火花，才能被点燃。

——阿尔贝特·施韦泽

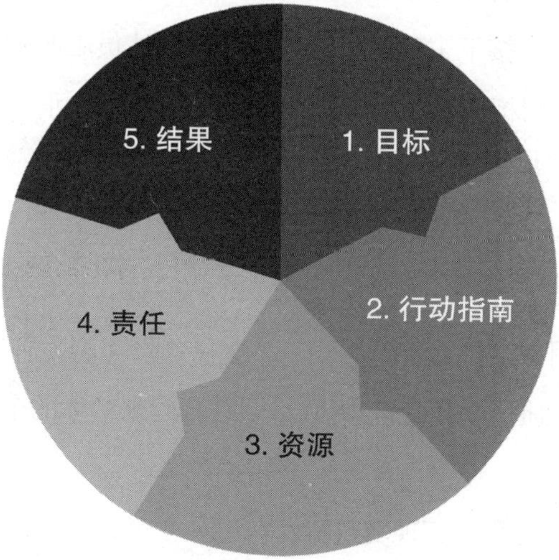

图3.2　绩效对话的5个要素

由于上述五个因素对绩效对话至关重要，所以我们为每个要素设计了相应的对话指南。接下来，本章将深入剖析每个元素，最后再从“全景角度”对绩效对话进行分析。

阿尔贝特·施韦泽为我们展现了绩效对话的魅力：“每个人内心的火焰都会在声明中的某个时刻熄灭，但遇到某个人之后，我们心中的这团火却能够被重新点燃，我们应该感谢那些帮我们再次点燃热情的人。”绩效对话就是很好的一个工具，领导者可以用来点燃员工内心的火焰。

目　标

作为领导者和管理者，其首要任务就是让员工齐心协力，共同实现目标。接下来我们将深入探讨如何让员工明确方向，并设立可衡量的目标（见表3.4）。可参考以下问题提问：

1. 团队最重要的两三个目标是什么？

2. 衡量成功的标准是什么？

3. 要有所贡献，你就必须设立个人目标，你认为自己最重要的两三个目标是什么？

4. 如何把个人目标与团队目标结合起来？你的个人目标的重要性在哪儿？

5. 你的目标是否现实可行？

6. 你打算如何把这些目标转化为计划（即何人将在何地做什么）？

表3.4 目标

三个领导力对话技巧

透明、公开的议程

1. 目标

使用方法 进行如下讨论并最终达成共识。

需要做什么?

1. 团队最重要的两三个目标是什么?

2. 衡量成功的标准是什么?

3. 要有所贡献，你就必须设立个人目标，你认为自己最重要的两三个目标是什么?

4. 如何把个人目标与团队目标结合起来？你的个人目标的重要性在哪儿?

5. 你的目标是否现实可行?

6. 你打算如何把这些目标转化为计划（即何人将在何地做什么）?

7. 如何衡量你自己的成功?

提示：

- 避免设置过多的目标。
- 不要太过片面，也不能专横，倾听时，要以理解为目的。

7. 如何衡量你自己的成功?

全球有数百万家公司和机构，每天都在设立自己的发展目标，大部分目标还未付诸行动就已经宣告流产了。我们都知道，即便对于个人来说，也并不是所有设定的目标都可以实现，有时候，我们设定的目标甚至连几天、一周或一个月的时间都坚持不了。

实现目标的关键不仅要树立正确的目标，还要制定合适的实施方案。优秀的团队为了实现最重要的战略目标，都制定了相应的流程。如果没有共同遵守的工作语言、框架和系统，任何公司的成功只能靠运气，不过是白日做梦，机会渺茫。

我们和富兰克林柯维（FranklinCovey）的同事花了几年时间研究，试图解答这个问题：为什么一些公司运转得好，而另一些公司运转得却很差呢?

经过大量的调查研究、访谈、评估和个案分析，富兰克林柯维（FranklinCovey）得出了一个简单实用的方法，可以帮助有学习意愿的领导提高管理水平。

只要管理得当，什么目标都可以实现。如果公司目标明确，员工知道如何把个人目标和公司宏伟的发展蓝图结合起来，所有人都会朝着同一个方向努力。

——史蒂芬 · 库伯

---

1. 集中精力抓重点

把精力集中在公司和团队最重要的目标上，重点放在能让公司成功的事情上。

2. 采取最重要的行动

每周都要把最有助于实现目标的关键活动和行动确定下来。

3. 设立记分板

跟踪记录公司进展情况，通过记分板，员工能够清楚地知道自己是否实现了目标，自己的方向是否正确，是否需要进行一定的调整。

4. 实行问责制度

定期组织工作总结会，明确个人及团队的责任。谈话要坦诚、积极，应该让员工来主导（见《高效能人士的执行4原则》）。

让我们来看看是怎么运作的。假设你参加了一场心声对话，并确定了你的贡献宣言如下：

- 我想开一家全球最棒的连锁餐馆，我会把所有的精力投入到餐厅经营上，我要为顾客提供最优质的服务。

这就是你最终想要达到的效果。

这个宣言听起来十分精彩，但你打算如何将它变成现实呢？为了实现这个理想，你必须达到哪些目标？

在考虑过各种可能性之后，你应该把注意力集中到以下三个重要目标上：

- 扩大忠实的客户群
- 发展一支敬业的员工队伍
- 实现经营效益的最大化

这些目标已经很具体了，也可以进行考量。不过，你需要进一步思考该如何衡量是否达到了既定的目标。如何衡量客人的忠诚度？如何衡量员工是否敬业？如何衡量效益是否最大化？当然，你肯定有自己的办法，不过你的衡量标准一定要以数字的形式表现出来，因为只有数字才最容易理解。而且，你得有对比的标准，比如，现在忠实的顾客已经有多少？你的员工现在有多么忠诚？

所以，可衡量的目标可能是下面这样的。

到明年这个时候，我们将：

- 回头客的数量从现在的20%提高至50%。
- 将员工的敬业程度从现在的16%提高至60%。
- 将食物的浪费比例由现在的12%降低至5%。

列出明确的评价标准后，你就可以随时记录每个目标的完成情况。每个人都能看到具体的进展情况，如果迟迟没有进展，你也可以找到问题所在，及时进行调整。

即便你将评价标准明确到这种程度，然而，只设立几个小目标还是远远不够的。为了确保最终实现目标，你需要经常进行调整，采取最关键、最重要的行动，并经常自省：

- 作为一个团队，我们该如何提高客户的忠诚度？
- 我们应该怎样提升员工的参与度？
- 我们应该如何完善点餐过程，尽可能减少食物浪费？

不管是和个人，还是和团队进行绩效对话，都能够帮你找到助力目标的实现。然后，你可以试试你想到的点子，看你是不是离成功更进了一步。

如果每周进行一次绩效对话，整个团队以及团队中的每个人都能牢记目标，并对自己的责任有清楚的认识。员工可以直观地看到事情的进展，发现需要改进之处，而且看到自己是如何一点一点帮助团队取得成功的。

根据目标指南（见表3.4），你需要确保自己没有设立过多的目标，你需要真诚地倾听并理解每个员工的心声，而不是一味地推进自己的计划。

人们在确立目标，为了目标实现而奋斗的过程中，会遇到很多问题，我们接下来会探讨其中几个常见的问题。

为什么一次最多只能设立两三个目标

实践经验和研究均显示，集中精力是成功的关键。以年度计划为例，你设定的目标越多，能实现的目标就越少。

试想一下，如果团队只有一到三个目标，那么你们很可能能够出色地完成所有目标。如果你想实现四个、五个甚至十个目标，那么你成功的可能性就会相应降低。

如果把目标数增加到11个，12个或20个，也许你会取得一些成绩，但根据收益递减法则，最终你一个目标也实现不了（见表3.5）。

朝着目标迈进可以激励员工释放自己的天赋，哈佛大学教授特蕾莎·阿马比尔和研究员史蒂芬·J.坎内尔的研究显示：

能够焕发热情、激发动力、提高认知的因素有很多，但最重要的就是做有意义的工作，而且取得了一定的进展。人们的工作越是经常有进展，长期来看，创造力就越强。这与具体做的工作无关，可以是揭示重大的科学奥秘，可以是生产出高质量的产品，可以是提供高质量的服务，只要是每天能取得一点进步，哪怕是很小的进步，都会让人们深受鼓舞。

所以，在进行绩效对话中，要花时间仔细思考，要有选择性。要想清楚：什么才是真正重要的？必须做到哪些事情？

表3.5 计划目标数量与实际完成数量的对比

目标的数量	1~3	4~10	11~20
出色完成的目标数量	1~3	1~2	0

人们认为专注就是对必须关注的事情说“是”，其实不然，专注是要向其他无数个好主意说“不”。

——史蒂夫·乔布斯

要成为一位杰出的管理者，首先要懂得缩减目标，无论是团队还是个人都必须清楚好目标和伟大的目标之间的区别。好的目标很有价值，会对公司发展产生影响，但伟大的目标会让公司与众不同。

我们再以上面提到的餐厅为例：

- 我想开一家全球最棒的连锁餐馆，我会把所有的精力投入到餐厅经营上，我要为顾客提供最优质的服务。

你可以为自己的餐厅定下很多小目标：花箱里装满鲜花，每天都把桌面擦得干干净净；在小镇里找到新鲜食材的供应商，这些都是好的目标。

但你其实有最重要的事情需要思考：今年或近几年必须完成什么目标？还有其他重要事项要做到吗？这些事情才是你极其重要的目标。你设定的目标是扩大忠实客户的规模，建立一支敬业的员工队伍，这就是你极其重要的目标。餐厅要想长久地经营下去，如果没有忠实的客户群，没有敬业的员工队伍，其他事情做不做又有什么要紧呢。

如果员工对公司极其重要的目标没有清晰的认识，就会按照自己的安排推进工作，而这样的安排往往各自为政，与公司的发展节奏不一致，也不利于公司首要目标的实现。即便员工的初衷很好，这样的队伍还是很难齐头并进，甚至会脱离公司发展的轨道。

作者注

我曾遇到过一些政府的高层领导人，他们刚刚被任命为一家新公司的领导层。他们已经就公司的发展战略进行了数日的讨论，于是我做了一个小实验。我分别问了每个人：公司最重要的任务和最关键的目标是什么？结果非常有趣，他们的答案南辕北辙！

> 虽然经过了数日的讨论，他们以为已经在这些事情上达成了共识，但结果每个人对最重要目标的认识依然相去甚远。

很多时候，领导者总觉得自己了解公司的目标是什么，员工们也都清楚。他们通常会有这种错觉：我已经把公司的发展目标准确地传达给员工了，但事实并非如此。

富兰克林柯维（FranklinCovey）曾经做过一项“目标明确度”的研究课题，在5万名员工和5000家机构中进行了调研。调研机构涵盖了很多领域，包括来自全球各地的营利性机构、非营利性机构、政府部门、军事机构和教育机构，平均只有19%的员工可以明确说出所在公司或机构的战略重点。

对公司的战略目标有清晰的认识是提高公司效率的核心关键，也是进行绩效对话的关键。工作目标不等同于工作职责，并不是所有跟工作有关的事情都算得上是最重要的目标。

如果你能做到下面这几点，说明你对发展目标有了清晰的认识。

- 能发现为数不多的几个极其重要的目标，如果这些目标实现不了，其他努力都将白费。
- 这些极其重要的目标都具体可行，可以衡量。
- 确信个人极其重要的目标与所在组织的目标和宗旨一致。
- 领导者和员工已经就极其重要的目标达成了共识，而且双方同意在每个阶段都参照具体目标、阶段性目标和基准来评价自己的工作绩效。

- 在实现个人极其重要的目标时，每个员工觉得领导会支持自己，给自己提供所需的资源。

你也许觉得这些步骤已经很清楚，并不值得一提，不过，事实证明事情并非如此。明确目标很重要，我们绝不能以为员工都清楚目标是什么，也不能以为员工都了解目标的内涵。

谈话有助于员工积极参与上级制定的目标

通常来说，战略目标都是由上层制定，并自上而下传达下来的。只要员工有机会了解这些目标，那就没有问题。那么，你该如何鼓励员工提高参与度呢?

最有效的方法就是和他们进行心声对话和绩效对话，让他们熟悉公司发展目标。你要问他们："你们知道这些目标为什么这么重要吗？为了更好地实现目标，我们应扮演好什么角色，应该怎样做出自己的独特贡献？"

如果员工们可以深刻认识到公司发展目标的重要性，然后一起努力来实现目标，那么他们的参与度就会越高。

作者注

几年前，我有幸与一位优秀的领导共事，她叫佩妮。我们签订了一纸绩效合同，彼此之间建立起了高度的信任感。协议中明确写出了目标，具体说来，就是明确了要做出什么贡献，极其重要的目标是什么，以及如何衡量是否取得了成功。

基于对我的充分信任，佩妮为我提供了实现目标的平台。因为我们进行过心声对话，所以，佩妮一直积极帮我寻找优质项目、和客户接触的机会，帮我出国交流，同时帮我释放天赋，激发我的热情。

她很清楚，自己的任务就是帮我找到正确的方法，为实现公司的伟大目标而贡献自己的力量。是她教会我如何发挥能力，做好工作，这是我做过的效率最高，并带给我最多满足感的一份工作。

如何避免过度专注某个目标

人们完全有可能过于专注某个目标，导致专注成了件似是而非的事情。在这种情况下，你把全部精力投入到最重要的事情上，但与此同时，你的目光因此变得狭隘，这最终会导致很多问题。

如何在专注于重要目标和保持警觉之间找到平衡呢？对领导者而言，最有效的办法就是定期回顾和自省。“我们身边正在发生什么事情？是否有新的机遇和挑战需要我去发掘，去关注？”领导力对话，尤其是绩效对话有一个好处，那就是一旦员工对极其重要的目标有了清晰的认识，一旦他们在全心全意地工作，你就可以完全从微观管理的泥潭中解放出来，有充分的时间和空间进行回顾和自省。

行动指南

你是否也曾经有过一头雾水的时候？在努力实现目标的过程中，总会意外碰到一些拦路虎，阻挡你前进的脚步？

在通向成功的道路上，往往困难重重。因此，优秀的领导者通常会在绩效对话中，与员工就行动指南展开积极的讨论（见表3.6）。

表3.6　行动指南

三个领导力对话技巧
透明、公开的议程

2. 行动指南

使用方法　进行如下讨论并最终达成共识。

需要做什么？

1. 谈话对象是谁？他们的预期目标是什么？
2. 你的工作会对其他团队或部门产生什么影响？
3. 已经有什么规定及/或步骤？
4. 是否需要考虑相关的生态、质量、安全或法律问题？
5. 是否需要考虑政治或文化因素？

提示：

- 不要制定非必要的规定。
- 不能忽视必要的规定。

当你和整个团队或团队成员进行绩效对话时，需要解决下面的问题。

- 谈话对象是谁？他们的预期目标是什么？
- 你的工作会对其他团队或部门产生什么影响？

- 已经有什么规定及/或步骤？
- 是否需要考虑相关的生态、质量、安全或法律问题？
- 是否需要考虑政治或文化因素？

可以使用假设的形式“如果……？”进行提问，请参考下面几个例子。

- 如果我们忽略了一些法律问题，我们应该怎么办？当问题出现时，我们应该如何解决？
- 如果其中一个人需要强制性下达命令，原有的协议可能会被更改，我们应该怎么办？应该如何解决？
- 如果我们忽略了一些政治因素，我们应该怎么办？我们应该如何解决？

这些问题的答案也许非常简单，也许你根本就不知道答案，这时你们就需要一起找到解决方法。

为了证明行动指南在绩效对话中的重要性，我们将再次以餐厅那个例子为例，进行分析。

你的重要目标如下：

- 扩大忠实的客户群
- 发展一支敬业的员工队伍
- 实现经营效益的最大化

如果以前你曾为了相似的目标而努力过，却以失败而告终，或许是因为之前管理有问题。无论如何，你应该找出失败的原因，并且和员工进行讨论。这次讨论也许能避免你们走弯路，同时从中发现成功的方法。

和员工进行绩效对话，能帮助你预先发现一些潜在的法律和环境问题，从而帮你避免很多代价高昂的错误。一些专家和学者就能够帮你改进工艺，找到新方法，效果会比你预想的还要好。

企业制度是否在挡你的路？当客户投诉时，如果公司不愿意你给客户退款，或者不允许你提供较低的折扣，怎么办？也许你的预算不足，导致人手不够，没有办法为客户提供优质的服务。你可以抓住绩效对话机会，将这些问题讨论清楚，可能有利于你实现预期目标。哪些行动指南毫无商议的余地？哪些行动指南可以灵活调整？行动指南可以改动吗？如果可以的话，应该如何改动呢？

请牢记，原则和规定之间存在着巨大的差异。原则是一种自然法则，永恒不变，具有普适性。规定则由人制定，只是为了在某种条件下解决某些问题，如果发现规定没有用，人们可以不用管这些规定，也可以修改规定。

当吉恩·佛朗索瓦·佐布里斯特接管FAVI汽车配件厂时，厂子都快要倒闭了。他发现，一些规定严重制约了汽配厂的生产。比如工具都锁在柜子里，工人必须先填写一张表格，才能从柜子里把工具借出来。为什么会有这样的规定呢？原来是因为工厂曾经丢失了一把电钻，从那以后，管理层再也不相信自己的工人了。这个荒谬的规定降低了工人的工作效率，佐布里斯特很快就将这条规定废除了，工人可以自由使用柜子里的工具。他告诉工人们，使用之后把工具放回柜子就行了，工人们用完工具后，也确实把工具放回去了。

有些制度完全没有道理，严重阻碍了公司发展，作为领导者，你可以对那些制度进行调整。同时，有些规定阻碍了目标的实现，或者是把事情弄得很复杂，你也可以提出质疑。

正如这部分对话指南中所说的，如果没有必要就不要制定规定，当然，那些重要的规定千万不要忽略。

与我们合作的一家建筑公司遇到了一件麻烦事——工地经常发生意外事故，不仅工人们经常受伤，而且公司也面临着失去意外保险的危险。为了提高公司的安全措施，公司召集了一次绩效对话。大家一致认为：工人们应该戴上安全头盔，穿上钢头靴，同时互相提醒，加强安全意识。实施这项举措后，工地的安全事故率大幅降低了。

你应该适时花时间和精力制定一些重要规定，确保每个员工都清楚这些规定。通常来说，如果人们认识到规定的必要性，他们就会自觉遵守。通过绩效对话，你可以让员工了解重要规定，或者和你一起制定重要规定，并自觉配合，有效执行规定。

人们往往很容易忽略探讨行动指南的重要性，实际上，这些对话很重要，能够帮助人们了解行为规范，同时把潜在的阻碍变成前进路上的垫脚石。

通常，讨论行动指南不需要花太多时间，但这类谈话一定要公开坦诚。如果领导者在谈话中能够积极主动，那么他们不但能避免隐患，还能获得有价值的信息和帮助，顺利实现目标。

资 源

缺乏资源（或感觉缺乏资源）通常也会导致员工工作失常。人们总是觉得自己掌握的资源并不够，事实也的确如此，不过工作总得做完。

为了更好地做出计划，进行头脑风暴，找到各种可能，避免未来出现的误解，在绩效对话中，关于资源部分的讨论必不可少。很多公司无法达到预期目标，往往是因为人们没有真正坐下来，共同探讨实现目标需要多少资源（见表3.7）。

在绩效对话中，有关“资源”部分的讨论可以帮你理清下面这些问题：

- 时间表和截止日期
- 费用预算
- 基建投资（如果需要的话）
- 信息——来源和有效性
- 知识——谁拥有知识
- 培训机会
- 设施/设备
- 参与人数（员工）
- 外包工作（其他劳动力）
- 利益相关者的支持

表3.7 资源

三个领导力对话技巧

透明、公开的议程

3. 资源

使用方法 进行如下讨论并最终达成共识。

需要做什么?

1. 需要哪些人力和资源（比如信息、经费、培训等）? 这些人力和资源是否能够得到保障?

2. 谁可以授权使用这些必要的资源?

3. 需要清除哪些潜在的障碍?

4. 是否可以使用信息和技术，彻底颠覆“游戏规则”?

5. 为了达到目标，有些人力和资源是否可以进行调配?

提示：

- 不要轻易放弃，是否还有其他途径可以获取必要的资源?

你可以和团队成员一起讨论以下问题：

1. 需要哪些人力和资源（比如信息、经费、培训等）? 这些人力和资源是否能够得到保障?

2. 谁可以授权使用这些必要的资源?

3. 需要清除哪些潜在的障碍?

4. 是否可以使用信息和技术，彻底颠覆“游戏规则”?

5. 为了达到目标，有些人力和资源是否可以进行调配?

很多领导只会帮员工设定目标，一旦缺少资源，一切就前功尽弃了：“没错，只能这样了。”“生活本来就很艰难。”“你需要自己找资源。”“无论如何，你都要实现目标。”言下之意是如果你不是一个行动派，那么老板就会找其他人代替你。

领导者有时会说：“我们的员工比他们自己想象的更优秀，他们拥有很多天赋和能力，可能连他们自己都不知道。只要激发员工的热情，他们就会将这些天赋和能力释放出来。”这种说法只不过听起来更有风度罢了。

这是一个有趣的悖论，也许领导者是对的。但如果就这样放弃团队成员，那么，员工根本不清楚自己可以利用什么资源，在这种情况下，员工们会觉得压力巨大，同时也会很困惑，工作就会受到限制，这并不利于员工天赋和能力的释放。

在有压力时，人们可以释放更多的潜能，工作做得更优秀，真的是这样吗？当然是的。然而，如果员工感觉自己饱受压迫，觉得自己是为了生存而工作，他们也许确实能够完成任务，但一定很憎恨这份工作。他们不会全力以赴，可能会想着跳槽，更有甚者，有人会计划进行“报复”。

雇主真正想要寻找的不是能胜任某份工作的人，而是能给工作带来变革的人。

——托马斯·弗里德曼

如果你可以和团队成员公开、透明、坦率地讨论可以使用的资源，那么你就可以建立一个相互信赖的团队。

再次以“提高客人的忠诚度”这个目标为例。

你能修改预算，把一些经费投入到员工培训项目上吗？你能使用更新、更高效的技术来衡量客人的忠诚度吗？能否成立一个团队，让他们专门跟踪反馈呢？

听从资源指南中的建议吧！不要轻言放弃，要保持集思广益的好习惯，也许有其他方法来实现你的目标呢！动动脑筋，也许你就能发现一些隐藏的资源。在进行绩效对话时，请大家一起思考：“我们还有没有没用上的资源、人力、工具、设备和赞助商？”

在谈话的基础上，你可以重新审视一下宣言中的目标。根据实际可以使用的资源，重新调整目标。你也许需要重新对工作进行调整，使之与你拥有的资源相匹配。

反过来，你也许需要重新“制造”一些资源，比如，员工真正掌握的知识还有哪些？他们认识哪些人？他们的社交圈是否比他们想象的还要大？大家是否疏忽了某个人，而他恰恰就是那个可以帮助你们的人？

责　任

你无法强迫员工保持高度的责任心，这不是所谓的严苛的微观管理，你不能老是抓员工的把柄。让员工保持责任心，其实就是通过愉快的、鼓舞人心的方式，帮助员工了解自己的工作绩效。

负责这个词的词根是“数量”，所以，一定要有量化的数字，让员工通过数字来判断自己的表现是否优秀。但真正负责远不止这些，你还需要和员工共同庆祝，分享胜利的喜悦；肯定员工的优异表现；需要调整时，要向员工提供相应的建议和帮助。责任是相互的，是绩效对话中的关键部分（见表3.8）。

在讨论“责任”时，你可以问下面这些问题：

1. 哪些活动可衡量？哪些活动可进行干预？

2. 哪些活动可以提前预测？

换言之，进行哪些活动可以衡量你是否取得了一定的进展？进行哪些活动可以调整你的前进方向（不用你回头去看历史数据）？

能够记录这些活动的数字就是主要指标。以提高客人的忠诚度为例，主要指标有几个：为就餐客人提供折扣的次数，从客人下单到菜品上桌所需要的平均时间。这些指标都对客人的忠诚度有重要影响。

如果指标变差，你可以通过绩效对话与员工讨论各自的责任，一起找出原因。如果你觉得现在的数字不理想，希望有所改善，那么这样的谈话能够帮你找到新的改善办法。你可能会想到下面这些问题：

- 我们是否能为客人提供更优惠的折扣？
- 我们应该如何更有效地宣传我们提供的优惠？
- 我们怎么能够更好地测量每天下单到上菜的时间？
- 我们可以采取哪些行动来缩短上菜时间？

表3.8 责任

三个领导力对话技巧 透明、公开的议程
4. 责任 **使用方法** 进行如下讨论并最终达成共识。 **如何跟踪记录进展情况？** 1. 哪些活动可衡量？哪些活动可进行干预？哪些活动可以提前预测（哪些是主要指标）？ 2. 谁负责收集信息，如何进行追踪记录？ 3. 在具体执行过程中，我们会取得哪些标志性成果？ 4. 需要多久进行一次工作总结？ 5. 如果有必要，我们应该如何修正调整？ **提示：** • 千万别忘了，责任是相互的，应该以双方同意为基础。责任需要共同承担，而不能由一方强加给另一方。 • 千万不要以为，就算没有长期系统的交流沟通，就算不经常进行总结和评价，员工也会有责任意识。 • 不要把责任当作威胁员工的武器，让员工承担责任，是让员工在工作中找到意义、提高参与度的工具。

他们把结果汇报给整个团队和领导时，这些目标通常都已经圆满完成。为了完成餐厅的运营目标，也许你需要用一个记分板来记录一些重要的数字，比如主要指标或目标实现程度。

根据要完成的任务，也许你需要谈谈一些标志性成果和关键点，因为对这些重要事件的评估大有裨益；也许你需要在特定的时间点回顾工作进展情况，如果有必要的话，也许你还需要探讨修正调整的方法。

从某种程度上来说，责任就像在一场田径游戏比赛中始终保持成绩。通常人们会因为以下三种原因退出比赛：一、他们不知道自己玩的是什么游戏。二、他们不知道自己是输是赢。三、他们不知该怎么做才能加分。

但这些对于高水准绩效是至关重要的，不管怎样，“收益”对每个人都很重要。近期哈佛大学关于绩效和参与度的研究中提出了这样的问题，“能让人们工作的原始动力是什么呢？”答案就是人们想在工作中获得一种完成感，他们想要收益。

美国通用电气公司前任首席执行官杰克·韦尔奇曾说：

商业中的收益占据着举足轻重的地位，企业有所收益的同时，人们才会快速成长。此刻对于每个人而言到处都有工作和机遇，他们有足够资源送孩子上大学，获得更好的医疗保健，购买度假屋，得到舒适的退休生活。这些收益使得人们有机会以更为重要的方式回馈社会，回馈的方式已经不仅仅是缴纳更多赋税，人们可以捐赠时间和金钱给慈善机构和市中心平民区学校的老师。收益可以提升每个人，收益造就更加美好的世界。

形象地说，责任是绩效对话的一部分，可使人们获得收益，理解这个游戏，知道自己何时赢何时输，并团结一心寻找增分的方法。基本上而言，责任就是围绕主要指标来履行承诺。为此，我们需做到以下三点：

1. 看数字。

2. 判断主要指标是否真正起作用。

3. 在新的或更好的指标上履行新的承诺。

另一种方式是根据所走的道路、标志性成果和重点来评估绩效对话的方式。

作者注

我的家人喜欢去附近的山地远足，远足的终点是一处非常著名的地标，行人很难找到它，但一旦登上山谷的顶端，人们就可以轻易地找到它。其实，哪怕你距离终点只有几步之遥，但只要不到山顶，就不可能看到它。每次远足我都苦恼不已，却无法逃避，这似乎将成为一场永远不会结束的家族活动。当你到达终点时，回顾自己走过的每一步，似乎都没有什么不同之处。而让我感到非常厌恶的则是那种不知自己身处何处，亦不知自己距离终点还有多远的感觉。如果所经之路能有几块路标，或者能让我清楚地看到自己距离终点还有多少距离，我想一切都会变得美好起来。

绩效对话中提到的“责任”部分能够帮助员工清楚地了解自己需要达到什么目的，找到正确的前进方向，并清楚地知道在达到终点的过程中，自己所经历的每一步都具有非常重要的作用。

为了使得谈话收获成效，领导者需要经常与员工进行这样的谈话，谈话时间保持在20分钟左右，但一定要在既定的日期进行，否则，员工们会很容易迷失前进的方向，而这一切都可能在一瞬间发生。哪怕是走廊内一次5分钟左右的日常问候，都可以达到很好的效果。

作者注

我认识一位父亲，他要求自己十几岁的女儿在每周固定的时间打扫自己的房间，并告诉她自己会在当天检查她的劳动成果。起初，一切都还行之有效，但突然有一天，这位父亲需要在检查日当天离开小镇，而他也将检查房间这件事忘得干干净净。等到了下一个检查日，他去女儿的房间检查卫生时，发现女儿的房间仍是一片凌乱。当被问及原因时，她的女儿回答说："我们还要执行当初的约定吗？"因为父亲忘记了自己的承诺，女儿自然也忘记了自己答应了父亲的事。

最行之有效的方法就是，领导者需要至少每周举行一次一对一谈话，或者召集所有团队成员进行一次谈话，这场简要的谈话大致可以包括以下几个部分：

- 对员工已经取得的成就表示鼓励。领导者需要对员工在工作中取得的每个微不足道的进步和成功给予肯定，这样不仅能提高员工的参与度和积极性，还能帮助领导者找到最有效的工作方式。领导者需要找到这些会对工作产生正面作用的方式，并不断强化它的积极作用。当很多人听到"责任"这个词时，都会产生很多负面的情绪，这时就需要领导者不断对员工的工作给予肯定，通过一些积极正面的问题、头脑风暴等活动激发员工的积极性，并尊重员工们提出的每一个想法。

- 回顾曾经的承诺。这时，领导者需要适时回顾员工在上一周做出了什么承诺？他们是如何做的？他们的工作表现是否得到了提高？

- 立下新的承诺。这一部分可以通过两个小步骤实现：首先让员工提出自己的工作构想，然后再对这些承诺和构想提出改进的建议。

在与员工进行关于责任的谈话时，领导者一定要时刻谨记，这场对话不仅能帮助团队达到预想的工作目标，还能提高员工的参与度，让每个人都觉得自己扮演着不可或缺的角色。所谓责任，并不是强加在员工头顶的帽子，而是他们工作的一部分。这种想法无论对员工还是领导者而言，都将产生积极的促进作用。

此外，这种谈话还能在员工和领导者之间建立起一种信任感。套用史蒂芬·R.柯维的话来说，谈话能帮助员工和领导者在共有的“信任银行”中存入一笔“存款”，领导者和员工不仅要立下承诺，还要信守这份承诺。在取得成功或进步时可以一起庆祝，在出现问题、面对困境时可以开诚布公，尊重彼此，帮助领导者和员工建立信任。

在此，我们需要再次重申前文中关于责任的提示：

- 千万别忘了，责任是相互的，协议需要以具体进程为基础。

责任需要分享，而不是单方面的行为。

- 系统的交流和定期的工作总结是形成长期责任意识的重要条件。

- 不要把责任当作威胁员工的武器，它是创造意义、提高参与度的工具。

结 果

在绩效对话中，关于结果的讨论永远与收益有关。公司会收获什么？每个人会收获什么？你作为领导，会收获什么？顺便讨论一下如果失败了怎么办。在讨论结果的过程中，你可以提出这几个问题：

1. 目标实现了会产生怎样的影响？

- 对客户的影响（内在影响/外在影响）
- 对公司的影响
- 对整个团队的影响
- 对员工个人的影响
- 对其他利益相关者的影响

2. 如果未能实现目标，会产生怎样的影响？

- 对客户的影响（内在影响/外在影响）
- 对公司的影响
- 对整个团队的影响
- 对员工个人的影响

- 对其他利益相关者的影响

3. 是否需要对双方达成的一致目标进行修改（见表3.9）？

以餐厅运营为例，如果你实现了自己的目标，会产生什么影响？如果餐厅的忠实顾客变多了，如果你打造出了一支敬业的团队，如果你实现了经营效益最大化，餐厅会发生什么变化？

表3.9 结果

三个领导力对话技巧
透明、公开的议程

5. 结果

使用方法 进行如下讨论并最终达成共识。

1. 目标实现了会产生怎样的影响？
- 对客户的影响（内在影响/外在影响）
- 对公司的影响
- 对整个团队的影响
- 对员工个人的影响
- 对其他利益相关者的影响

2. 如果未能实现目标，会产生怎样的影响？
- 对客户的影响（内在影响/外在影响）
- 对公司的影响
- 对整个团队的影响
- 对员工个人的影响
- 对其他利益相关者的影响

3. 是否需要对双方达成的一致目标进行修改？

提示：

- 尽量避免提出计划外的目标。

人们常用情感账户来比喻人与人在生活和工作中的信任感，“存款”可以建立或修复信任，“取款”会减少甚至摧毁信任。

每个人都有一个情感账户，我们一直在记录其他人在自己账户存款和取款的情况，其他人也在记录收支情况。

——史蒂芬 · R.柯维

同样，你的收入会增加，客人们更开心，他们也会口口相传，帮你宣传餐厅。员工们更加热爱工作，他们不但认真做好分内事，而且会主动想办法，改善餐厅运营。你可以投入更多资金来提高员工待遇，餐厅变得更为友善，员工很少旷工缺勤，抱怨也越来越少。员工越来越信任你这个领导，相信你真的关心他们。相信在你心中，员工的利益和餐厅的利益同样重要。

这些都是积极的影响，有助于不断提高员工的积极性，进而激励员工更加主动地为了餐厅而奋斗。

现在请想一想，如果你没有实现自己的目标呢？如果客户没有增加，如果你没能提高员工的参与度呢？

餐厅也许能够维持现状：维持现有的经营水平、现有的利润，员工的参与度没能提高，缺勤率没能降低，抱怨没有减少，人与人之间依然缺乏信任，或许你的客户会慢慢减少。如果这个地方又开了一家餐厅，能够提供更美味的食物、更划算的价格，而且服务员快乐、敬业的话，那么你的餐厅甚至会倒闭。与此同时，你还会错过上面提到的所有美妙的结果。

当你和团队成员一起讨论可能取得的成果时，不要使用"胡萝卜加大棒"（软硬兼施）的方式，相反一定要表达出对员工的认可与奖励，这样做有助于提高个人及整个团队的表现。金钱固然很重要，但获得认可、具有发言权，和同事和谐融洽往往比金钱更重要。可以一起和员工讨论，如果他们信守承诺，而且表现非常出色时，你将用怎样激动人心的方式来表达对他们的认可。这个时候，员工的表现可以与报酬挂钩。

需要注意的是，不要误导员工，别让他们有不切实际的期望。如果你计划等大家实现这个目标后，在周六组织员工在湖边举办一个派对，就不要让员工以为你打算请他们到大溪地去过周末。

同时请记住，每个人都是独特的，请用独特的方式奖励他们。体育赛事的门票对有些人来说很重要，但对其他人而言也许就无关痛痒。请结合每个人（或一些人）的特点制定不同的奖励方式。

如何与个人开展正式的绩效对话

我们刚刚深入分析了绩效对话中的五个元素，现在我们将对它进行整体分析。

从根本上说，绩效对话很简单，很直接：确定需要实现的目标，考虑如何跟踪完成情况，做出承诺然后兑现这些承诺，大概就是这样。虽然简单，但这确实是专业的领导者必不可少的最重要工具。

那么，应该如何开始呢？

和其他领导力对话一样，对话指南为领导者提供了一个简单好用的工具。对话指南中不仅列出了关键问题，而且提供了一个公开日程，从而让对话变得可行，对话双方可以信任彼此。

你可以这样开始：

“杰姬，你今天能不能抽出一个小时的时间呢？我想和你一起聊聊我们的工作重点，看看我们应该如何帮助彼此。我们找时间聊聊，看看会有什么收获。”

你们见面之后，拿一些指南卡片给她，然后说：“我拿到了一些写有对话指南的卡片，它可以节约时间，帮我们抓住关键问题。你也许已经注意到了，我们拿到的卡片是一样的。我们一起看看这些卡片，上面的问题也许会对我们有所帮助。

“我们先看第一张卡片上的内容。卡片上写着‘通过达成双赢协议来提升个人工作绩效。在这个协议中，双方确定了战略重点、关注的重心、明确了过程，建立起了信任关系。你觉得这样做怎么样呢？你觉得这些东西对我们有帮助吗？”

听了杰姬的回答后，你可以这样说：“为了实现这些目标，我们必须就五个元素一一达成一致意见，让我们一起来看看分别是什么吧。”你可以一边用手指着指南，一边和她交谈。

- 目标指我们希望通过共同努力而实现的结果。

- 行动指南指我们在行动时需要考虑的种种限制因素，比如政治因素、规章制度、法律或安全需求。

- 资源是指我们可以利用的东西，比如预算、工具和人力。

- 责任是指我们应该如何跟踪记录进展情况，应该什么时候进行跟踪。我最喜欢这个部分，因为我们可以一起庆祝所取得的每一次进步，庆祝身边发生的美好事情。

- 结果能够帮我们确定成功时我们将收获哪些积极正面的东西，失败时，我们将会面临哪些消极负面的影响。

“如果我们能在这五个元素上达成共识，你觉得会对我们有所帮助吗？”

如果杰姬答应了，你可以说：“好的，那我们开始吧。你可以边谈，边用笔把你认为有用的内容记录下来。我们需要好几次谈话，才能把全部内容确定下来。最终，我希望我们两个人能签署一份双赢协议。这样，当我们朝着目标前进时，就能‘保持同步’了。”

接下来，你只需要照着表格，按顺序讨论这五个元素就可以了，你需要倾听杰姬的想法并做出回应。切记，这是一次对话，而不是独白，谈话的目的是让杰姬和公司达成协议，最终双双获利。当你开门见山地说出谈话目的，并把对话指南发给员工的时候，你们之间就建立了一种信任。因为你们相互信任，所以能够分享，共同努力，实现目标，最终使每个人都能从中受益（见表3.10）。

表3.10　双赢协议（填写完整的表格见139页表3.11）

双赢协议
协议双方：________________ **日期：**__________ **贡献声明：**
目 标 你希望努力实现什么目标？ ____________________ ____________________
行动指南 你需要遵循什么标准、水平、规定或步骤？ ____________________ ____________________
资 源 在此过程中，你可以使用哪些人力、经费和工具？ ____________________ ____________________
责 任 如何进行个人评估？应该多久评估一次？ ____________________ ____________________

结 果

如果双方都遵守协议，会得到什么奖励？

____

____

如果双方违反了协议，会有什么后果？

____

____

再次说明一下，我们要实现的目标有两个：一是双方就工作绩效达成协议，二是为以后进行绩效对话奠定基调。你可以在正式谈话中慢慢形成这种基调，也可以在非正式对话或互动中形成这种基调。

你以理想化的杰姬为例创建了对话的环境，这种环境既适用于理想状态下的谈话，也可以邀请其他团队成员参加。

如何与团队进行正式的绩效对话

与整个团队进行正式的绩效对话和与个人进行这样的谈话遵循同样的模式，但与整个团队进行对话时，你能够获得更多反馈，同时可以增强参与同一个项目员工之间的协同能力和归属感。让我们来看看一个例子。

在这则故事中，金是一家中型公司的部门主管，他不仅要迎接全新的挑战（机遇），还要处理团队的内部问题。

一直以来，客户一直要求金在线上运营，为此，他不断与团队讨论如何推进这项工作，却屡屡陷入困境。很明显，金所领导的团队根本不团结，对这个项目也没有清晰的认识。

当大家聚在一起，讨论谁该为项目失败买单，应该追究谁的责任时，情况变得越来越糟糕。

如果金组织整个团队进行一次绩效对话，结果会怎么样呢？他应该如何组织这次谈话呢？

他可以把团队成员召集在一起，并给每个人发一张对话指南。他可以像我们和杰姬那样，强调并解释提高个人绩效的重要性。

由于团队成员已经在互相抱怨、相互指责，金可能会听到截然不同的看法，甚至人们对于是否应该进行这样的谈话都有不同意见。但是秉承绩效对话精神，他应该认真聆听并试着去理解员工们的想法，表现出对团队成员的信任，尊重他们的想法和观点，真心渴望倾听他们的心声。

他可以这样说：“我知道大家对这次谈话持有不同意见，甚至质疑这次谈话是否价值，那么，就让我来问你们一个问题吧。如果我们大家能开诚布公地讨论所有问题，求同存异，努力就这五个元素达到共识，那么我们是不是能够更好地实现我们的目标呢？我们的团队是否可以表现得更好呢？”

如果有人积极响应，金可以继续说：“你们愿意试一试吗？这次谈话完全是公开透明的，你们手上拿的卡片和我拿的完全一样。我们一起来看看这些问题吧，看看我们是否能够达成一致，看看我们能不能协同合作。”

这时，或许金就可以继续与团队进行绩效对话了。如果团队成员还是抱怨个不停，那就说明金没有听到所有员工的心声，那么金就需要分别与每位员工进行心声对话，然后再和整个团队进行这样的绩效对话。

如果团队成员一致认为可以继续进行谈话，那金就可以组织员工就这五种元素进行讨论。有了全体员工的共同参与，有了大家的聪明才智，整个团队将对各个元素有明确认识，而且可以达成共识。这样员工们就可以把所有精力都投入到目标上，最终顺利实现目标。

在此过程中，员工们将认识到，明确对彼此的期望值是多么的重要，此外，为了做好工作，他们必须对彼此负责。

他们会发现，自己原来有这么多机会来影响项目的进展，与其对资源不足怨声载道，不如一同努力找到隐藏的资源。

他们会发现，所谓责任不是要责怪别人，而是要信守对彼此的承诺。

他们才会理解那个古老的真理：只有当我们放弃自我时，才能找到真正的自我。只有当所有人为了某件有意义的事而共同努力时，人们才会激情四射，美好的事情才会发生，这才是激发热情的导火线。

再次说明，这种谈话，尤其是与整个团队的谈话，可能需要进行多次才能完成，所以后续跟踪非常重要，如果领导者不能很好地跟踪，信誉势必会受到影响。但有一点可以肯定，这些对话不仅可以解决眼前的问题，而且可以为以后不断与整个团队进行谈话营造理想的环境（见表3.11）。

表3.11　双赢协议模板

双赢协议

协议双方： 销售总监和杰姬　**日期：** 9月1日

贡献声明：

我将充分发挥在项目管理和人事管理方面的专长，帮助部门和公司实现销售目标。

目 标

你希望努力实现什么目标？

- 成为一名优秀的项目经理，培训业务员，采取新的策略，将产品推向市场。
- 实现季度销售目标，实现年度销售目标。
- 迎接新的机遇和挑战，不断学习，不断进步。

行动指南

你需要遵循什么标准、水平、规定或步骤？

- 每周与销售主管和市场主管交流。
- 保持现有产品的营销和销售，同时加强新产品的培训。

资 源

在此过程中，你可以使用哪些人力、经费和工具？

- 从销售主管现有的团队中调用一个行政助理。
- 为各类培训和辅导拨付专项预算。
- 培训团队的成员每周投入10~15个小时，协助部门培训。

责 任

如何进行个人评估？应该多久评估一次？

- 每周一举行项目碰头会，随时沟通最新进展。
- 每天更新产品销售记分板上的信息。

- 每月与销售主管进行一次会谈，回顾本月工作进展，并结合实际，进行必要调整。

结果

如果双方都遵守协议，会得到什么奖励？

- 公司新产品实现或超额完成收益目标。
- 通过这次全新的挑战，我得以展示自己被埋没的才能，收获了额外的经验。
- 实现销售目标后，我也赚到了奖金。

如果双方违反了协议，会有什么后果？

- 无论是我还是公司，都无法享受以上所列的各种红利。

为非正式的绩效对话创造条件

毫无疑问，正式的绩效对话非常重要，因为它可以帮助谈话双方签订书面协议，但正如我们所说，员工往往能在非正式的谈话环境中将自己的表现发挥到极致。这就说明，你需要建立起提升工作绩效的团队文化，而不是一味评估绩效。优秀的领导会立即强调工作表现的重要性，加州大学洛杉矶分校塞缪尔·A.卡尔伯特教授指出："当还有时间采取行动、修正出现的错误时，领导者最好组织所有参与者一同探讨项目中的重要问题。"双赢协议已经帮你创建了谈话的环境，获取了一定程度的信任。

尽管非正式的谈话耗时较短，但你依然可以有效地强调这五个因素。举个例子，你餐厅的收银员盖文每天上班都迟到，你已经通过正式的谈话与他沟通过，让他对期待的结果和如何做好自己的工作有了一定认识。

你可以把他叫到一边，对他说："盖文，我们能聊聊吗？我们要一起努力实现最期待的结果，我希望你每天能够准时上班。你能告诉我到底发生了什么事吗？"你要充分尊重并倾听他的每一句话，并试着去理解。

盖文说自己每晚都要学习大学课程，每天都会学到很晚，早上经常赶不上公交车。

你可以接着说："你能不能做一些调整呢？"

盖文开始思索："也许我可以跟老师沟通一下，保证自己准时下课。或者可以搭吉米的便车来上班，这样就省去了等公交车的时间。"让他自己找到隐藏的资源并向你做出承诺。

"这是个好主意，盖文。我们可以先这样试试，过几天再看看成效如何，是否还需要进一步调整。"

有时，绩效对话就是这么简单，但需要注意的是，即使是如此简单的非正式谈话，领导还是可以将谈话的五要素穿插在谈话中。此外，即便是上班迟到这样平凡的小事，都可以通过绩效对话帮助员工释放能量，找到独立解决问题的办法，让员工变得更加自立。

你也可以将非正式的谈话与员工的心声相结合，达到释放员工潜力的目的。

"詹，最近我们收到了反馈报告，我们送去×公司的货物似乎有一些质量问题，我注意到这件事让你感到很困扰，很沮丧。

我知道你在产品的研发过程中投入了很多心血，认为产品已经满足了客户的重要需求，你能跟我聊聊你的困扰吗？”

“没错，我真的付出了很多努力，我根本无法相信那批货居然出了这么多问题。”

“我知道这对你来说非常重要，你有什么方法可以解决这个问题吗？”

“我需要仔细分析一下这些特殊问题，看看是哪里出错了。”

“好主意，你还有其他什么想法吗？”

“是的，如果找到了问题的根源，我会写一份书面报告，说明解决办法。我希望你能看一看我的报告，然后告诉我应该如何把这些信息传达给需要的人。”

“好好研究一下，然后把你的想法和建议写成书面报告，我们一起看看接下来该怎么办。你需要多长时间才能完成这篇报告？”

“我希望能在周三前完成这篇报告，同时能找到一些好方法，弥补×公司的损失。”

“好主意，我希望你在星期三下班前把报告交给我。这样我们周四一早就可以一起看看这篇报告，你觉得九点怎么样？你这种快速解决问题的态度一定会让×公司感到欣慰，同时，我们还可以找到正确的方法，避免再出现类似的问题。”

通过这次谈话，詹和公司再次连接成了一个整体，工作热情也变得更加强烈。她能感受到你很重视她的建议，倾听了她的想法，会更加努力地投入工作，这样一来，她和公司的工作绩效都得到了提升。

此时，非正式的谈话再次发挥了作用。正式的谈话就像一场游戏计划，在计划的指引下，这场游戏每时每刻都在进行着。和其他领导力对话一样，这里的成功并不是进行了一场谈话，而是创造了能使对话持续进行的环境，这些围绕着五个元素进行的谈话对个体和公司的成功都具有重要的作用。

提示：谈话时应避免的态度

我们在逐一分析双赢协议的五个要素时，已经列举了一些提示要点，但就绩效对话这个整体而言，你还需要注意避免以下几点：

- 假设员工知道关注的要点在哪里。
- 是为了回答而听，不是为了理解而听。
- 未能将为数不多的要点从无数重要任务中提炼出来。
- 未能在个体工作与总目标之间建立联系。
- 不重视争议、问题和挑战。
- 不愿与他人达成共识，强迫他人接受你的安排。

请花几分钟时间，好好审视一下你的言行。你是否也有类似的想法或举止？如果有，它们一定会阻碍你帮助自己的员工取得最好的成绩。

如果你能避免以上种种，做到这些：意识到帮助员工找到工作重点的重要性，真诚倾听并试图理解，将注意力集中在几件最重要的事情上，帮助员工将个人工作与公司的总体目标联系起来，重视每个争议、问题和挑战，试着去寻求共识，而不是逼迫他人接受自己的安排，你一定会在释放天赋、提高自己和团队表现上取得了不起的成绩（见表3.12）。

表3.12 提示

三个领导力对话技巧

透明、公开的议程

关于绩效对话的提示

应避免的态度：

- 假设员工知道关注的要点在哪里。
- 是为了回答而听，不是为了理解而听。
- 未能将为数不多的要点从无数重要任务中提炼出来。
- 未能在个体工作与总目标之间建立联系。
- 不重视争议、问题和挑战。
- 不愿与他人达成共识，强迫他人接受你的安排。

结 语

某间办公室里，也许就在此刻，仍有人在谈论着失败。

- 我们选错了工作重点。
- 我不知道他们希望我做什么。
- 这个时间表真的太不切实际了。

- 领导不愿意支持我取得成功，也没有为我提供必要的资源。
- 我们背负着一身的责任，却没有行动权。
- 预算太少了，难怪这个项目会失败。

如果你建立起了这样一种氛围：人与人之间真诚沟通自己的期待，对彼此的责任成为规范，那么，你的团队将有能力战胜消极的表现和工作态度。

——亨利·克劳德

不幸的是，单方面参与的谈话在生活中实在太常见了。如果两个人对工作目标不清不楚，不愿意投入工作，甚至无法达成共识，那么进行谈话简直就是浪费时间、浪费精力、浪费资源！

绩效对话意在改善公司内部交流的本质和结果。当你真正参与谈话时，一段时间后你会听到这样的评价："我们过去谈论的那些都没什么用处，甚至都太消极了。现在，我们每次谈话时都带着一种使命感，不但要讨论手边的工作，还要讨论这份工作对每个人甚至整个公司有什么重要作用。坦白来说，我觉得自己正在做一件很重要的事，而不是单纯地消耗时间。"

正式或非正式的谈话都能帮员工建立希望，使员工备受鼓舞。谈话能帮你向员工传递出这样的信号：你真诚地关心每位员工，你希望能倾听每个人内心的声音，让他们做到最好的自己，对你来说，每位团队成员所取得的成功和公司取得的成功一样重要，你希望每个人都能熟知提升个人绩效的重要元素是什么。

与心声对话一样，绩效对话将工作与人际关系放在了更有意义的情境中，它们能释放员工个人以及整个团队的天赋，让每个人都有机会在实现重要目标的过程中收获成功。

讨 论 题

1

每个个体的心声是如何与双赢协议联系起来的？团队的呢？

2

绩效对话为什么能激发员工的积极性？

3

如果有人回答说："请直接告诉我，我该做什么？我没有时间跟你聊天"，你会如何应对？

4

你会如何与一位仍旧不太信任你的员工签署双赢协议？

5

如果你与员工对五个因素中的某一些持有不同意见，作为领导的你会如何应对？

6

如果你的领导不愿意进行绩效对话，你会怎么做？

7

你会在什么时候，如何修改协议中的元素？

8

你认为绩效对话会如何帮助个体建立信任？

9

为什么会有人对绩效对话有所畏惧？你会如何帮助他们驱散这种畏惧？

10

你和领导会如何填写双赢协议？

11

你认为责任说明和有效的表现声明存在哪些差异？

12

什么时候不宜进行绩效对话？

4

第四章

清除障碍对话

为员工扫清前进道路上的阻碍，确保每个员工都有机会获得成功是每位领导者的责任。

——《高效能人士的执行4原则》

1957年，苏联发射了第一颗人造卫星“史波尼克号”，这次发射不但震惊了全世界，也拉开了太空竞赛的序幕，美国输掉了第一局。

两年后，在总统德怀特·D.艾森豪威尔的领导下，美国开始筹备水星计划。水星计划意在发射一艘有人控制的围绕地球运转的宇宙飞船，探索、确认人类在太空中的各项机能。他们能顺利将宇航员送上太空并安全返回吗？这次，美国再一次落后了。1961年4月12日，苏联宇航员尤里·加加林成为第一位进入太空的宇航员，美国大为吃惊，在太空竞赛中又输掉了一局。

几天后，美国总统约翰·F.肯尼迪在美国国会面前说了一段话，彻底改变了游戏的格局：

现在，无论是新出现的优秀企业还是这个国家都应该向前迈一大步了。我们要保持在太空探索中的领先地位，为美国日后的发展赢得重要条件。

我确信我们拥有最丰富的自然资源和人才资源，但问题在于我们从未做过任何国家决策，也从未结合需要，对现有的国有资源进行整合。我们从未在紧迫的时间表上设立任何长远的目标，也没有对我们的资源和时间进行过有效的管理，使它们得到充分利用。

我希望我们的国家设定一个目标，在十年内，把我们的宇航员送上月球并帮助他安全返回地球。这次空间计划将给人们留下深刻的印象，并对未来的空间探索计划产生重要的影响，成为一次难度最高、斥资最大的尝试。在真正意义上，我们可以坚信这不是要将一位宇航员送上月球，而是将美国送上月球。我们一定要万众一心，努力完成这个计划。

在一年内，1962年2月20日，艾伦·谢泼德和加斯·葛里森成为第一批登上太空的美国人。1963年5月，另外三位美国宇航员也顺利登上了太空，是时候向月球进发了。1969年7月20日，阿波罗11号的宇航员尼尔·阿姆斯特朗、迈克尔·柯林斯和小埃德温·巴兹·奥尔德林实现了肯尼迪总统的愿景，在十年内顺利登上了月球。

肯尼迪总统既没有一个人搭建火箭，也没有制造太空舱，更没有在月球上迈出一步，但他的愿望和领导能力为美国的太空探索扫清了沿途的障碍。他不仅用激情澎湃的演讲为美国搭建了愿景，帮忙守护了最重要的任务，并扫清了成功路上的障碍。他不仅提出了探索太空的计划，还为将愿景变成现实提供了必要的帮助和支持。在他的领导下，太空计划获得了大量的拨款，建起了新的研究中心、新的基础设施和新系统。在不断变化的政治环境中，他为计划提供了重要的、源源不断的支持。

杰出的领导会不断鼓励他人，排除障碍，扫清通往成功的道路，可以这么说，这是适用于任何级别的领导者的真理。即便你不是国家总统，也没有任何正式的职务，你依旧可以在工作中、社会团体中，甚至是家里扮演领导者的角色。所谓领导力就是带给旁人的影响，“扶植个人的成长”适用于任何一位领导人。

扶植个人的成长就是要给身旁的人，特别是你领导的那些人提供帮助。扶植个人成长并不是要建立某种相互依赖的共存关系、繁复的官僚制度或替他人完成工作，它是承认并为他人打开一个可以更好地展现自己的平台（见图4.1）。

图4.1　清除障碍对话

有些员工需要五个小时完成的工作也许你五分钟就做完了。你的工作就是要清晰地告诉大家如何建立起人际网络，或通过一封简单的邮件帮他人摧毁壁垒。你要学会抓住机遇，为周遭的人扫清障碍，扶植他们的成长。

心声对话像一个指南针，为旅途指明了前进的方向。

绩效对话像一块记分板，让你随时了解自己的表现。

清除障碍对话意在扫清前进路上的障碍，让每个人的天赋得到充分释放，从而顺利抵达旅途的终点，与他人分享这份满足感与喜悦（见表4.1）。

表4.1　清除障碍的含义

三个领导力对话技巧

透明、公开的议程

清除沿途的障碍

领导者应该为自己的员工提供帮助，他们具有前瞻性，能够辨别出团队可能需要什么。他们能够从团队正在进行的工作中找到值得学习的地方，以及团队成员需要继续保持或改善的地方。他们可以把自己学到的知识传授给他人，教导他人。他们能帮助员工避免问题，预见机遇。员工可以在他/她的生活圈内工作，并互相帮助、互相支持。工作绩效的量化改善就是这么来的。

——《释放天赋：激活潜能的三种领导力对话》

领导者的三种角色类型

通常领导人会扮演以下三种角色。

1. 事必躬亲的领导者

经常在员工周围巡视并发号施令，从不愿意让出自己的控制权和所有权。在完成目标的过程中，事必躬亲者更像是障碍物而不是清障者。

2. 抛弃员工的领导者

这样的领导在移交了自己的责任后就消失了，从未向员工提供任何帮助和资源。有时，他们打着“权力下放”的幌子，退出工作任务、离职，自己奔向胜利却留下团队成员独自挣扎。

3. 扶植个人成长的领导者

这样的领导既不会事必躬亲，也不会遗弃员工。他们会与团队成员并肩作战，向他们提供帮助，也会冲在前方，为团队成员扫清成功路上的障碍。

事必躬亲的领导者

我们通常认为事必躬亲的领导者是细节控，更准确地说，这类领导者通常都经验不足或缺乏安全感，他们并不相信自己领导的员工能准确地完成工作。

在绝大多数案例中，事必躬亲型领导者单方面决定双赢协议的内容或凌驾于协议之上，他们用实际行动说明 ：“我还是不相信你能完成这项任务”“我们订立的协议只是口头上的”。他们剥夺了员工顺利完成工作目标、履行自己使命的权利，同时也剥夺了员工通过学习知识不断成长的权利。事必躬亲也阻碍了员工的创造力，压制了员工的动力。

虽然不易察觉，但事必躬亲者的这一做法对他们自己也并无裨益，即便他们为了给公司这栋建筑添加一根木料，使之不至于倒塌，就是倾家荡产也在所不惜。此外，他们也不知道如何培养强大的成功人士并把他们安排在适合的岗位上，不仅造成了领导层真空，也赶走了真正优秀的员工。

正如吉姆·柯林斯在著作《强大企业的兴衰》中所说：“任何优秀的企业很大程度上都依赖于善于自我管理、自我激励的员工。”我们总认为取得伟大的成就需要很多制度、规定以及复杂的过程，但研究证明事实恰恰相反。过多的制度、规定和步骤会使企业过度死板，缺乏活力。释放员工天赋的关键在于创造一种自由的氛围，让员工清楚地了解自己的职责和责任。

作者注

我曾参加过社区志愿服务计划，监督我工作的员工虽然很欣赏我，但还是要确保我高效地利用了每一分钟。于是，他向我展示了如何快速地拧干毛巾，如何快速地将吸尘器的电线整理整齐。完成了所有的工作时，我很庆幸这次志愿活动只有一次，我的妻子可以向你证明，虽然我打扫房间的水平算不上世界一流，但在这位员工的目光下，我还是显得不知所措。

讲一个我们的朋友克里斯汀的故事。在公司勤勤恳恳工作了许多年后，她终于被提拔为公司某个大型部门的二把手。兴奋的克里斯汀已经准备好迎接自己的新工作了，她遇到了自己的部长，部长已经为她安排好了一切，然后事无巨细地告诉她如何完成每项工作，她感觉自己就好像一个机器人，不需要任何投入，也不需要订立个人承诺。

这次谈话让克里斯汀对工作的热情和能量一扫而尽，就好像她的创造力和积极性都被击碎了一般，一旦机会降临，她就调离了这个部门。

事必躬亲的领导者虽然能帮助员工迅速完成眼前的工作，但这种行为扼杀了员工释放天赋、不断提升自我的机会和动力。当自己的一举一动都被领导控制、监视和看管时，员工也会随之做出反应。最后，当任务降临时，他们只会在一旁袖手旁观，等待领导告诉自己应该怎么做，员工的个人价值就此被扼杀了。Trinity Solutions公司称："面对事必躬亲的领导者，约69%的人正在考虑更换工作，而有36%的人已经更换了工作。"

有些领导者会将释放天赋与丧失部分对员工的控制等同起来，"我们为什么要让员工'为所欲为'？难道我不应该严格管理自己的员工吗？他们难道不应该接受我的管理吗？"因此，很多公司都面临着过度管理和领导不足的局面，就是因为领导们不愿意放松一丝一毫对员工的控制权。

大卫·马凯特在《你就是艇长》一书中分享了自己的经历。他曾接管了一艘核潜艇，几天后，他就被美国海军任命为海军上校。第一次试航时，短短四天的航行排满了培训、练习和巡查的工作。他决定听从工程师的建议，为潜艇添置一台工程钻机。在模拟故障中，钻机可以强行关闭核反应堆，迫使工程部勘察、寻找问题，进行一些必要的维修后，重新启动核反应堆。

由于还在检验期，虽然钻机运转一切正常，马凯特还是有一些焦虑。他担心船员认为自己太容易搞定，因此决定通过提高潜艇前进速度制造一些挑战。“三分之二动力前进！”他大喊。在他看来，这样做会显著增加电池的耗电量，迫使故障检修员快速定位并修复错误。在“三分之二动力前进”的过程中，电池的安时表连续发出了“咔嗒”声，这是一种听得见的暗示——时间在流逝，让人倍感不安。

于是，他向副舰长下达了指令：“三分之二动力前进！”副舰长随即命令舵手：“三分之二动力前进！”

潜艇并没有提速，舵手并没有执行命令，而是局促不安地坐在座位上。

马凯特询问他发生什么事了。

他回答道：“舰长，电子保护措施中并没有‘三分之二动力前进’这个选项。”

马凯特还是第一次听说这些，他意识到，在他接管这艘潜艇前进行的机械知识培训中，并没有这部分内容。他以前指挥的任何一艘舰船的马达上都有三分之一和三分之二这个选项，因此他想当然地认为这艘潜艇应该也有。

他将副舰长叫到一边，询问当他下达命令时，副舰长是否知道这是一条无法执行的命令。

“是的，舰长，我知道。”他回答道。

震惊之余，马凯特问道：“那你为什么还要宣布这条命令呢？”

“因为这条命令是您下达的。”副舰长回答。

从那以后，马凯特不再给船员下达任何命令了，因为他知道自己拥有一支训练有素的队伍。他开始让潜艇上的每个人各司其职，只有当他们需要帮助时，马凯特才会出手。他教导船员这样跟他说话：“舰长，我想做这些/那些。”通常他都会回答“非常好”。当出现问题时，他希望船员们能够提出问题，并得到帮助。

在危机中，人会很自然地控制他人，有些时候，这样做是很有必要的。但身处压力之中时，请你仔细想想“释放”的真正含义到底是什么，因为员工的适应能力和责任感也许远远超出你的想象。

抛弃员工的领导者

虽然这样的领导比前一类机智一些，但他们往往对自己的员工和双赢协议显得不屑一顾。他们从不信任，也不关心自己的员工，甚至会在不经意间把自己的员工当作替罪羊。这种行为对虚拟团队而言更加危险，这是因为虚拟团队的成员往往不会同处在一个屋檐下工作，他们较普通员工而言，更难找到团队归属感。

通常情况下，绩效评估往往伴随着礼花、彩带等一系列美好的庆祝活动，然而，这类领导往往会忽略这些重要的仪式。日复一日，员工很难在会议上、郊游活动中甚至是紧闭的大门后找到自己的领导。员工可能好几个月都见不到自己的领导，然后下一轮考核就突如其来地发生了，员工甚至不知道考核的目标和重点是什么。

在很多公司中，这种长期消失的领导并不少见。这类领导通常不是故意消失的，只是他们有“太多”工作要处理，无暇顾及自己的本职工作：指导并帮助团队成员最大程度地实现自己的价值。有时，有些领导者也会打着“适者生存”的幌子抛弃自己的团队成员，他们往往会说：“我只需要让自己清楚工作内容就行了，这就是我们判别优秀员工与失败者的标准。”

我们很容易将“事必躬亲者”和“抛弃员工的领导”看作渗入公司的外部邪恶势力，但我们身上也多多少少有些许这样的影子，或是两者兼备。

举个例子，假设我们接收了一项大型项目。当我们为工作进展感到忧虑时，就会认为“自己已别无选择”，只能总揽大权，事事躬亲，虽然这种做法会占据很多时间，但我们总会觉得自己做了该做的事情。

这样一来，我们就会忽视了其他正在推进的项目，其他项目的员工就无法在工作中得到必要的帮助，整个项目的推进就会受到影响，很快，很多项目都会出现问题，我们不得不“四处灭火”，措手不及，结果我们变成了“天降神兵”，突然出现，然后“转危为安”。短期来看，这确实满足了我们的存在感，但从长远角度而言，无论是对我们自己还是对员工，这都是一种惩罚，“天降神兵”般的领导不过是将严格的管控变成了错误的权力下放而已。

我们究竟该怎么办呢？这就是我们要说的第三种类型“扶植个人成长的领导”。

扶植个人成长的领导者

扶植个人成长的领导既不会事必躬亲，也不会抛弃自己的团队成员。他们不会时时监督自己的员工，但会在事情即将失控的时候执掌大权。他们不会长期消失不见，然后突然出现修正员工所犯的错误。相反地，他们会时刻做好帮助员工、给予支持的准备，在完成自己和领导都认可的工作时，他们会一马当先地为员工扫清沿途的障碍（见表4.2）。

“扶植个人成长”并不会形成相互依赖的雇佣关系，员工们不会事事都等着领导做决定；也不会形成反依赖的关系，员工不会空有头衔和任务，却从不履行自己的任务、力量和权力。扶植个人成长意味着领导者不仅要为员工扫清障碍和壁垒，还要为他们提供一个完全自主的环境，让他们有能力、权力和责任去展现自己，并对自己的工作、同事和客户产生积极的影响。

表4.2 领导者的三种角色类型

扶植个人成长

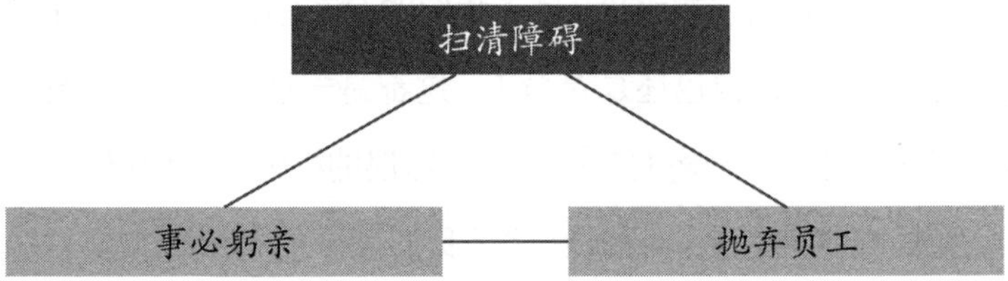

关键定义：

事必躬亲的领导 经常在员工周围巡视检查，从不愿意将自己的控制权和所有权转让给他人。

抛弃员工的领导 赋予员工责任却从不提供帮助。

扶植个人成长的领导 从不事事躬亲，也不会抛弃员工。他们与员工并肩作战，向员工提供帮助，直到员工取得双方都满意的成果。

扶植个人成长的领导之所以存在，并不是为了以老板的身份向员工大吼大叫，而是为了与大家一起完成工作。他们是员工的拥护者和引导者，随时准备并愿意为员工提供帮助。

我们可以把扶植个人成长的领导者比喻成一艘破冰船——在冰雪覆盖的北半球海域，破冰船能打破坚冰，为后续的船队开辟出一条通畅的水路。破冰船拥有特殊设计的坚硬船身，能够打破坚冰并将破碎的冰块推开，方便后续的船队轻松通过。最大的破冰船长度超过了500英尺，可以击碎16英尺厚的冰层，这种能力可以帮助贸易船队全年在冰雪覆盖的海域中航行。

成为一名冰区引航员需要掌握许多丰富的经验，引航员需要了解冰层的状态，判断可能发生的危险，并选出最佳的行船路线。冰层的状况会不断发生变化，去年很容易航行的区域，今年也许就很难通行了；刚刚还通畅的水路，一小时左右就可能重新结冰，将过往船只困在其中。冰区引航需要引航员精神高度集中并时刻保持警惕。

我们也可以将这样的领导者想象成一支高速运转的美国橄榄球队。一名出色的跑卫每个赛季都会冲刺超过1000码，他之所以会有如此出色的表现，是因为后卫和关键阻挡队员会在防守线帮他撕开一道缺口，让他可以冲刺过线，我们将其称为“冲刺进攻”。阻挡队员会抓住一瞬间的机会，根据对方队员不可预知的假动作，撕开一条通道。如果阻挡队员能够出色地完成任务，那么优秀的跑卫就能在每场比赛中取得超过6码的骄人成绩。

与此同时，教练会站在赛场边，近距离分析研判对手的战术，用专业的眼光找到撕破对方防线的最佳路线。在每次机会面前，他都能告诉球队如何提高自己的表现。

在商场中，优秀的领导者能扫清前进路上的障碍，帮助员工顺利推进工作。他们总会高度集中注意力，随时准备发现新的、更好的完成任务的方法。

为什么要进行清除障碍对话

理查德是西北地区一家石油公司的董事长，他渐渐意识到自己把过多的时间花在了那些员工可以完成，或本该由员工完成的工作上，于是他开始定期与员工进行绩效对话，逐渐将越来越多的责任赋予员工。

逐渐从日常管理工作中抽身后，他发现自己有了更多的时间去做一名领导者。他开始结合工业发展的方向研判可能出现的障碍，并花费大量时间为员工扫除这些障碍。他通过谈话的方式，帮助员工寻找克服困难、直击目标的最佳方式。

他的员工们回忆说，在时时变幻的市场环境中，如果老板没有帮助自己排除各种障碍，他们就无法如此高效地完成任务，公司也许早就关门大吉了。

哈佛大学商学院教授克莱顿·M.克里斯坦森在《你要如何衡量你的人生》一书中分享了自己的经历，也从另一个角度展现了扶植个人成长的领导者的力量。

当我回顾自己的一生时，发现我父母给予我的最棒的礼物并不是他们为我做了什么，而是他们没有为我做什么。

比如，我的母亲从来不会替我缝补衣服。刚上小学的时候，有一次，我最喜爱的一双袜子破了两个洞，我拿着袜子去找妈妈。我们家经济条件有限，几乎没什么闲钱，所以买一双新袜子对我来说是根本不可能的，她让我把针穿好后拿着针线去找她。平日里，妈妈穿好一根针可能只需要10秒钟，我却足足花了10分钟才做好。穿好针，妈妈拿出一只袜子，演示如何在破洞的边缘穿针引线，而不要将针线来回穿过破洞，很快就缝好了一只袜子，妈妈完成这一整套动作只花了30秒。然后，她继续教我如何剪断多余的线头并打好结。随后，妈妈把另一只袜子放在我手上，之后就离开了。

大约过了一年时间，也许是我上三年级的时候吧，我在学校摔倒了，李维斯的裤子也摔破了。这下糟糕了，根据我们家的配额，我只有两条校裤。于是，我又拿着裤子找到了妈妈，问她能不能帮我把裤子补好。这次，妈妈教我如何打开并使用缝纫机，如何缝出曲折线迹，告诉我如果补裤子的人是她，她会使用哪种方法，然后就又离开了。我一开始毫无头绪，但最终还是找到了办法，自己缝好了裤子。

尽管现在回忆起来，这些不过是一些再平常不过的小事，但它们成了我人生的定义点。通过这些小事，我意识到只要可能，我都应该自己独立解决问题；它们让我拥有足够的自信，并让我感受到了目标达成时的自豪。直到现在，当我穿起那双破旧的袜子，看着脚趾上缝补的痕迹，想到是自己缝好的时候，还是觉得很有趣。虽然我已经完全想不起来那条李维斯裤子的膝盖部分是如何补好的，但我可以肯定我当时的手艺一定不怎么好。虽然我的裤子和袜子缝得并不完美，但我还是为自己能独立完成这些感到自豪。

克莱顿·M.克里斯坦森教授的母亲是如何为儿子扫清障碍的呢？答案很简单。每当儿子遇到困难时，母亲都会将大致的方法教给儿子，然后留下他独立思考应对的办法。每当通过自己的方式解决了问题，他就掌握了一项新技能。

当一个领导真正帮助员工而不是接管员工的工作时，他应该大声、清楚地告诉员工："这是你的工作，我很珍惜也很信任你。我很愿意随时向你提供任何帮助，帮你排除前进道路上的障碍，顺利完成工作任务。"用扶植个人成长替代全盘接管可以营造出充满责任感和信任感的工作氛围（见表4.3）。

如果你是一名领导者，经常感到被工作和需要检查的事务压得喘不过气，如果你完全不相信自己的员工，并畏惧失败，这说明你并未完全释放天赋。你并没有帮助员工清扫前进路上的障碍，而是单枪匹马地拖着员工向胜利迈进。

如果你发现自己总在修补问题、接管工作或独立完成任务，那么，是时候组织员工进行心声对话和绩效对话了。你需要为自己创造足够多的时间，然后组织清除障碍对话，在此过程中，真正被拯救的人其实是你自己。

如果你已经开展了行之有效的心声对话和绩效对话，那么你就无须再监管员工的工作，双赢协议会帮助你完成这项工作。再次回到美式橄榄球队那则比喻，让协议去监督球员，教练才能有时间指导比赛而不是亲自上阵。根据双方达成的协议或自己选择的目标、方法，个人贡献会驱使队员向目标冲刺。

表4.3 清除障碍的要素

三个领导力对话技巧

透明、公开的议程

清除沿途的障碍

目的：清除壁垒和障碍，创造新的、更好的方法，努力实现共有的目标。

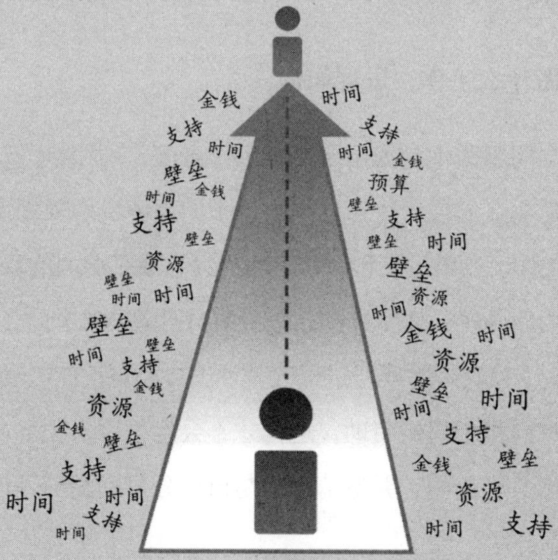

清除障碍对话从哪些方面入手

在清除障碍对话中，你可能会用到以下问题：

1. 你在做什么工作，进展如何？

2. 你学到了什么？

3. 你遇到了什么困难？

4. 如果需要改变一件事来推进工作，你会做什么改进？

5. 团队成员如何帮助彼此扫清障碍？

6. 你发现了什么新机遇？

7. 有什么需要我帮忙的（每次都要记得问这个问题）？

接下来，我们将逐个深入分析这些问题。

你在做什么工作，进展如何

问这个问题并不是为了要检查工作进度，确保员工在认真工作。问题建立在这样一个假设上：员工们都能合理规划自己的时间，完成工作。如果员工和领导之间已经达成了稳固的双赢协议，作为优秀的领导者，你就应该充分相信自己的员工。

提问时，领导者需要通过语气表现出自己对工作进展的好奇，并表示愿意向员工提供帮助，这样才不会显得令人厌恶。你需要告诉员工你关心他们，并邀请他们与自己分享问题与顾虑，甚至是成功。

通常，员工很愿意与你分享好的进展，此时，你应该认真聆听，并祝贺员工取得了进步，让员工知道他们所取得的成就对你也一样很重要。通过谈话，员工们会向你展示他们完成任务的方法，以及在此过程中进行的创新，他们表述的观点和行为也许正是你想要与他人分享的。

另外，他们也会与你分享他们的顾虑，这非常好。因为你的工作就是帮助他们解决问题，扫清障碍，并取得成功。作为领导，你才是那个应该关注工作瓶颈、官僚作风和资源匮乏的人。

作者注

我曾经同时兼顾了两份工作，上午在一家公司工作，下午又要到另一家公司去。上午工作的那家公司，我们的老板总会在我们需要她的时候出现并提供帮助。她总是在不同部门间忙碌，与我们一起探讨进展，寻找推进方法。她从不打扰或小瞧我们，而是帮我们解决一些我们解决不了的问题。换一句话说，我们之间一直进行着清除障碍对话。

我下午就职的那家公司的老板则截然相反，他总是在遇到危机的时候才出现，高高在上，对我们下达各种命令，吵吵嚷嚷。他自认为是一个实干派领导，然而并非如此。

当你与员工进行清除障碍对话时，语气中流露的信赖会帮你和你的员工快速扫清障碍，加快迈向成功的步伐。

你学到了什么

众所周知，未来是属于创新者的，因此，在当今社会中，学习能力几乎是每位优秀领导者都必须掌握的技能。

在无数文章、图书和TED演讲中，我们都听到过“学习型组织”这一完整的哲学体系。学习型组织的定义很简单：在这种组织中，成员会将学到的新知识与其他成员一同分享。领导者的工作就是为学习架起桥梁，确保大家可以一同学习并分享所学。

作者注

我刚毕业参加工作时，发现老板常做一个有趣的动作。当他跟其他人说话时，总喜欢把头歪向一侧。最初，我以为他的颈椎有问题，后来才知道他是个不折不扣的倾听者。

面试时，他问我的第一个问题就是：“你最近读了什么书？”我吓了一跳，完全没有想到他会问我这些。好在我读过很多书，他很喜欢我，当场就雇用了我。

他每天都问我，有什么新奇、有趣，又有创意的东西可以教他。渐渐地，我养成了一种习惯：每天都会思考如何把工作做得更好，如何让公司更好地运转，有哪些新的机遇可以让公司发展得更好。

老板的好奇心逐渐感染了我们，这份好奇心也让我们的工作变得越来越有趣。最重要的是，我们总是在尝试更新、更好的点子，这从根本上改变了公司的发展，公司也发展得越来越好。

你遇到了什么困难

扶植个人成长就是帮助个体排除障碍的过程。就像破冰引航员一样，你就是那个通过施加人工干预，确保前路清晰易行的人。由于个人贡献的局限性，你的团队成员无法对前方的世界有一个整体的认识，你的其中一项职责就是要想办法让个人贡献与公司和市场需求保持一致。如果领导不能帮助员工排除障碍，员工会对自己的工作产生消极的认识，认为自己的工作不重要，对公司没什么贡献，这种想法会迅速击垮员工的自信。

对领导者而言，最重要、最实用的问题就是："你遇到了什么困难？"

——史蒂夫·雅各布

常见的障碍、壁垒大致包含以下几种：

- 冗杂的官僚机制（太多令人困惑的过程，太多的条条框框，太多需要奉承的人）
- 预算限制（没有足够的资金或资源去做正确的事）
- 目标分歧（个人优先选择之间存在的矛盾）

优秀的领导者会尽可能减少或扫除各种障碍和壁垒，现在将一些你可能用到的方法分享给你。

冗杂的官僚机制

官僚作风使每家公司都面临着无尽的挑战，冗长的审批过程需要消耗大量的时间才能完成。无论做什么事，都要提交书面材料。"在我们这儿，这件事不能这么做。"这种答案就好像一根扎进轮胎的刺，会降低员工的积极性与动力，延缓工作进程。

作为领导者，你可以通过两种方法清除这种障碍。

首先，你可以努力创造信任感。通常来说，冗杂的官僚机制往往是缺乏信任的产物。有时候，有些人会做出一些错误的判断，为了弥补错误，公司会突然制定一条束缚所有人的规定："你需要找两位领导在采购单上签字。""这份商业计划书需要五个不同部门的领导共同签字认可。""你要先签名，才能使用工具。"

信任你的员工越多，你就越无须担心官僚机制产生的负面影响。如果你一直是个诚实、可靠的人，那么其他领导者就会相信你的看法。这样一来，审批流程会迅速推进，找其他领导签字也会更容易，一切都会变得更顺畅，你甚至只需要大笔一挥就能清除一道障碍，这些会赋予你这个领导者帮助员工排除障碍的力量。通过示范和培训，你的可靠品质会在员工之间建立起信任感，这份信赖感会帮助你更好地解除猜忌带来的束缚感。

其次，你可以参与制度决策。如果你知道员工的需求，就可以提前做好准备。如果有团队对程序性的难题抱怨不断，可以征求他们的整改建议。你可以把反应顾虑或请求批准的报告模板发给员工，邀请他们与你一起将问题以书面形式表现出来，然后主张修复这些问题。对一个有所准备的团队而言，尽管繁文缛节让人头大，但还是可以有效降低由此产生的挫败感。

为了清除官僚体制带来的障碍，在清除障碍对话中，你可以用到以下问题：

- 你觉得我们的制度哪里出了问题？
- 在不违反制度的前提下，你有其他办法可以实现目标吗？

- 我们该如何完善这一过程？

预算限制

当团队成员对预算问题提出异议时，你可以鼓励他们进行头脑风暴，和他们一起思考对策。在工作过程中，预算永远没有充足的时候，为了解决这个问题，你可以与团队成员一起探讨范畴、时机和备选方案。如果一个项目有超出预算的危险，你可以询问成员是否有延长项目交付时间，或缩减项目范畴的办法。为了满足需求，你们可以一同进行头脑风暴，共同发掘潜在资源或备选方案。如果你们已经收到了上层领导的划拨款项，在找领导申请更多资金支持前，请和团队成员一同思考变通的办法。

在清除障碍对话中，要想清除预算限制产生的障碍，你可以进行如下提问：

- 为了满足预算要求，我们能否缩减一下项目范畴呢？
- 我们能否调整一下时间表呢？
- 我们其他项目的预算还有盈余吗？有没有潜在的可利用资源呢？

目标分歧

每个团队都有面临目标分歧的时候，当财务部门想要缩减库存清单时，作为交付团队的领导，你可能会对供货不足心存不满。顾客的怒火让你的团队士气低落，你会和财务部门陷入争执：究竟谁才是整件事情的罪魁祸首。

事实上，这两个部门的目标都很合理，之所以会有分歧，不过是因为你们各自的目标相互偏离罢了。无论是库存过多，还是存货不足，都会对公司产生负面影响。那么，面对这样的局面，应该如何排除由此产生的困难呢？

最行之有效的方法就是和其他部门的平级领导进行一次清除障碍对话。你们可以一起聊聊“第三种选择”，而不是强调“我的”或“你的”解决办法，你们需要一起协商找到一条比任何一方单方面受益更恰当的出路。

邀请财务部门、几位重要领导以及几位有影响力的人共同参加关于“第三种选择”的讨论会，跟他们分享你提高顾客满意度、增加盈余的目标。倾听他们的想法，并进行换位思考。然后，邀请他们听取你（团队成员）的意见，让与会各方了解两个部门各自的问题。这是一场促使公司收获成功的谈话，而不是拥有共同利益的双方进行的唇枪舌剑。

一起进行头脑风暴：是否有什么解决方案是我们之前没有想到的？导致库存不足的真正原因是什么？我们能否进一步完善预测机制？如果可以的话，应该如何完善？我们是否需要与客户多分享一些实时数据？我们能否想办法加快库存从仓库到定制地点的派送速度？为了提高满意度，我们能否改变客户对时间的期待值？

在清除障碍对话中，为了排除目标分歧产生的困难，你可以进行如下提问：

- 产生目标分歧的主要原因是什么？

- 我们的共同目标是什么？
- 你愿意和我们一起寻找解决问题的办法吗？

如果需要改变一件事来推进工作，你会做什么改进

当这个问题出现时，你听到的大多是可行的，但又不太明显，无法引起注意的方法。也许有人会说：“如果我能在周五中午前而不是周一早上拿到出货日期表，就能对下周进行更好的规划。”从结果出发，即使再琐碎的小事，也可以被放大。

另外，一个问题的出现也许会带来很多变化，但深入研究后，你会发现有一些人会因此受益。有时，面对同一个症结的人也许不止一个。

团队成员如何帮助彼此扫清障碍

在现实生活中，每位团队成员都拥有替他人排除障碍的潜质，我们每个人都有自己的生活圈——认识一些别人不认识的人，拥有一些他人没有的资源。如果软件工程师遇到了棘手的问题，他可以召集数百名工程师帮他解决问题。团队中的天才演说家也许比你更善于表达自己的想法，热衷于电脑游戏的团队成员也许可以帮助你创造更有趣的客户体验。

在清除障碍对话中，你不仅有机会鼓励团队成员竭尽所能帮助他人排除障碍，还能帮助团队成员相互取长补短，解决各自遇到的困难。

你发现了什么新机遇

一家冰淇淋公司的首席执行官总会问自己的服务员："顾客对我们的冰淇淋口味有什么看法？"这样做有几个好处：（1）给市场和员工带来了积极的反馈；（2）为员工创造新口味的冰淇淋提供了好点子；（3）让服务员感受到了自己的重要性，首席执行官很珍视他们对客户的观察，以及服务客户的能力；（4）让服务员能全心全意地为客户服务。

当人受到鼓舞时，他们寻找新机遇的积极性就会被点燃，这样一来，他们不但能找到新的、更好的解决办法，还能为自己扫清沿途的障碍，并最终取得理想的结果。

有什么需要我帮忙的

作为领导者，你应该多问问这样的问题。你应该让员工知道自己愿意随时为他们提供帮助，而不是干扰他们，甚至成为让人讨厌的监工。请务必确认自己的身份，你的任务是为员工提供帮助，而不是替他们完成手上的工作。

在提问时，措辞的选择非常重要。最好不要直接问员工"要我帮忙吗"，这句话往往会被理解成："交给我，我来告诉你们需要做什么，应该怎么做。"长此以往，员工会养成事事听命于你的习惯，无法充分发挥自己的天赋和创造力，并最终产生这样的结果：你替他们完成了所有工作。久而久之，公司内会形成一种相互依赖的氛围，员工无法真正投入自己的工作，而你则会因此倍感压力，负担沉重。

“有什么需要我帮助的？”这样的提问方式更受人欢迎，因此也更有效。问题的答案不是简单的肯定或否定，而是督促员工思考自己的需求是什么，到底是否需要你的帮助。他们也许会这样回答：“你只需要站在一旁，看我完成就可以了。”听到这样的回答也没关系，你应该欢迎自己信赖的团队或员工说出这样的答案。更多的时候，他们会要求你帮他们做一件只有你才能做到的事情：解决一个困难，与管理层对话，批准某项申请或提供某种资源。你应该努力让自己的团队成员把你当成遇到困难、束手无策时，可以依靠的人。

谈话遇到困难时如何求助上级领导

如果你无法通过自己的力量，或是通过与同级领导谈话的方式帮助员工扫清障碍，那么你可能需要向你的上级领导求助。通常来说，最重要的清除障碍对话往往发生在你和你的上级之间。

那么，这场与老板的谈话应该如何进行呢？

在不强调生存的前提下，请试想一下，如果你身处在这样一家公司，每个人对产生问题的根源都心知肚明却不愿意捅破这层纸，这究竟是一种什么样的感受？

——杜克 · 欧克斯

准备一篇文稿，对你和团队所遇到的障碍和问题，比如延迟造成的高昂代价、质量问题、道德问题等产生的影响，进行详细的论述。

首先，你需要找到产生障碍的原因，尤其要对问题的根本原因有一个全面的认识。为什么会出现让人厌烦的规定？你为什么觉得这一步很不合理？

然后和你的团队成员一起进行头脑风暴，讨论出一套合理的前进方案。一些来自公司内部的阻挠看似难以克服，但请记得，这些困难是因为公司内部因素造成的，也同样可以在公司内部得到解决。只要你能找到足够好的方案或合理的变通方法，这些障碍一定会被克服。

最后，找到那个可以解决问题的人，并把你的建议告诉他/她，你选择的方案一定要周到而又不失坚定。

举个例子，一家公立学校的教育体系试图用手机授课弥补高中生课堂教学的不足，为了推行这一制度，学校面临着很多障碍，其中难度最大的一项就是如何教会全体教师使用在线教学。与此同时，学校没有充足的资金支持教师培训，老师也没有充足的时间进行学习。

在线教学倡导小组的组长与组员一起进行了头脑风暴，希望能找到一个变通的办法。最终，他们想到了这样一个办法：从一家企业募得一笔私人捐助，然后选择一小部分愿意尝试新课程的教师进行培训。最终，由这些“第一批吃螃蟹的人”培养其他教师，逐渐帮助他们掌握在线教学的方法。

这个小组说服了政府教育部门接受这个创意，获批后，他们组织了一批潜在的投资者进行交流会谈。最终，学生的智能手机成为老师们的教具，这对学生和老师来说，都是一个可喜的进步。

开展清除障碍对话的最佳时机

理想状态下，清除障碍对话应在心声对话和绩效对话之后进行。在充分了解了自己的心声，并建立了双赢协议后，员工往往也做好了勇往直前、取得最好业绩的准备。这时，领导者才能最大限度地帮助员工扫清障碍，释放天赋。

究竟应该在什么时候组织员工进行清除障碍对话呢？下面，我们就用几个具体事例加以说明。

解决跨部门问题时

在常规的绩效对话中，你意识到，想要将正确的信息准确地传达给其他部门的负责人是一件非常困难的事情，同时也是个困扰着其他部门的大问题。

为了扫清这一障碍，你可以说："这是一个广泛存在的问题，会对我们产生很多层面的影响。我会仔细分析这个问题，看看是否能够向你提供必要的帮助，希望我的解决方案也能使其他部门从中受益。"

处理矛盾时

假设在一次小组会议上，你发现面向供货商的支付系统出现了故障，也许你的一个电话就能让员工从数个小时的恼人工作中解脱出来。你可以把这个消息告诉自己的员工：“这电话让我来打吧，看看能不能想到什么办法。”打完电话后，你发现自己所在的小组和其他小组在工作目标上存在分歧。为了解决这个分歧，你决定就这个问题进行一些研究，并把它通报给了小组成员。这样一来，这个问题就成了你和上层领导下次会谈需要解决的问题。

消除误会时

在进行了数次绩效对话后，你听到了大家对于公司目标的不同看法，而这些看法直接影响着公司的业绩。于是，你约自己的直属领导进行了一次会谈，希望清楚地了解公司的目标是什么，从而确保每个员工对目标都有一个准确的认识。

借助个人影响帮助员工时

在一次非正式的绩效对话中，一位小组成员说顾客退货数陡然增长让她感到很焦虑，很明显，产品的包装出现了问题。她试图与相关部门联系，却没有收到任何回应。你可以鼓励她尽可能多地收集一些信息，然后以你的名义约普通员工很难见到的产品工程师进行一次会谈。

申请批复时

在一次心声对话中，一位员工表示自己对语言抱有极大的热情，并能流利地使用好几门外语。她一直想去翻译部工作，却没有得到批准。于是，你与翻译部门的领导进行了一次会谈，了解他们的需求，以及你的员工应该如何做出自己的贡献。

请时刻记得，与其他的领导力对话一样，清除障碍对话意在创造一种让非正式谈话得以进行的环境，而不仅仅是进行一场正式会谈。优秀的领导者了解自己员工的能力（心声），注重员工的表现（绩效），并努力帮助员工实现工作目标，每时每刻都在帮助自己的员工扫清障碍。

举个例子，假如你和斯坦正在进行一场站立式会议，意在通过评分分析工作进展，你也许会这样说："我们似乎还没有实现预想的效果（绩效）。我知道这对你（心声）来说非常重要，所以想和你聊聊。我知道你漫不经心的态度并不是导致这种局面的原因，那么，你觉得问题的症结在哪里呢？有没有什么办法能改善这种局面？"

斯坦认为运输日期提前是导致当前局面的其中一个原因，你也许会说："所以，其中一个原因是发运日期提前了。好的，你继续研究设计方案，我会和运输部的负责人聊聊这些事，看看有没有什么解决办法，你还有什么困难需要我帮你解决吗？"

有时，在进行心声对话或绩效对话的过程中，也可以抓住时机进行清除障碍对话。

当领导力对话逐渐成为公司文化的一部分，领导者就可以很自然地与员工进行清除障碍对话了。事实上，当员工意识到你能为他们扫清障碍后，往往会主动要求与你进行谈话。

作者注

刚担任新销售团队的负责人时，我与团队的每个成员都进行了一次谈话。我希望了解团队的每位成员，并试图理解他们的工作目标。其中一位刚进部门一年多的员工表现并不理想，她是个讨人喜欢的姑娘，并试图在谈话中表现出自己最好的一面，但我很清楚，她的工作遇到了一些问题。

通过谈话，我对她有了几点认识。第一，她的表现让人印象深刻，如果我也参与了招聘工作，一定会雇用她成为小组的一员。她聪明、品学兼优，很希望能为整个团队做出一些贡献，也很愿意努力工作。

第二，虽然她很愿意努力也很有能力，却不知道应该从何开始，也不知道成功究竟是什么样的。来到公司后，她度过了痛苦的一年。她没有自己的目标，也没有从领导那里找到正确的方向，在这种极度迷茫的状态下，她感觉自己被抛弃了，只能依靠自己的力量寻找出路。

说着说着，她最初的兴高采烈逐渐变得真实起来，她承认自己并不知道应该如何推进工作。虽然她天资聪颖，但依旧感觉迷茫而又危机重重。

正在进行的绩效对话很快转化成为清除障碍对

话，我们一同将她的目标任务分解成为每天的工作，一起思考我和其他团队成员应该如何对她施以援手。通过谈话，她终于明白了应该如何推进工作，如何获得帮助。

接下来的故事让人印象深刻，在之后的几年里，她逐渐成为团队的优秀员工之一。她一直拥有获得成功的天赋，只是没有被发掘罢了，而这次清除障碍对话则成了释放天赋的催化剂。

进行清除障碍对话的最佳场合

领导者可以在很多场合中进行清除障碍对话，比如，可以花几天时间与团队成员进行正式的谈话，也可以对某位曾经在工作中挣扎求索的员工进行一次简单随访，看看他是否完成了约定的工作义务，或是你路过某个工作组时，问出那句："有什么地方需要我帮忙吗？"

帮助员工认清工作形势，指导员工完成工作进度，与团队进行工作座谈是三种适宜开展清除障碍对话的场合。

认清工作形势

进行清除障碍对话往往不仅仅是为了帮助员工完成工作，更是为了教导员工提升工作绩效。

强大的领导者能够准确定位自己的工作任务：既要做员工的老师，又要懂得把握机会帮助员工扫清成功路上的无数障碍。

举个例子，零售经理萨拉发现了一位充满斗志的新员工查德。查德对待工作认真负责，时刻准备为每位客人提供帮助。他能跟每位进店的客人打好几次招呼，希望了解客人的购买意图，并恳求顾客接受自己的帮助。大多数客人对查德的行为避之不及，但查德似乎并没有意识到有什么不妥。萨拉认为自己需要帮助查德改变他对“提供帮助”这个词的理解，她将查德叫到一旁，告诉他应该如何在不打扰客人的前提下为客人提供必要的帮助。

在随后与查德共同工作的几天里，萨拉亲自向查德示范应该如何与客人沟通，告诉他应该与客人说些什么，如何在保持合理距离的情况下解释客人的需求，如何把商品拿给客人，并随时进行小测验。借此，萨拉成功地帮查德扫清了障碍，使他成了一名优秀的服务员。

显然，在扶植员工成长的过程中，萨拉很看重自己扮演的教导者的角色。

如果一个人无法改变自己的固有思维，就一定无法改变现实，更无法取得任何进步。

——安瓦尔·萨达特

指导工作进度

当今，“指导”一词已不再是足球教练或篮球教练这种专业角色特有的任务，人们渐渐开始将它看作每位领导或经理都应该承担的主要责任。

通常，领导者会努力尝试做一个好教练，但这种尝试往往收效欠佳，员工往往会将这种尝试看作对个人的控制或为了实现某种不可告人的目标而使出的花招。领导者为了避免员工的这种误解，就要赢得他们的信任。如果员工把你当作可以信赖的人，相信你是真的关心他们的，他们就会把你当作提供帮助的人，而不是批评者或裁判。

作者注

我曾经担任过几年青少年足球教练，我试图让自己成为高中或大学时遇到的那种教练。他们向我给予了充分的信任，帮助我发现了自己的天赋和能力，成就了今天的我。是他们告诉我，只有勤奋努力、刻苦比赛、认真训练才能获得了不起的成就。

每次训练或比赛前后，我们都会不断温习球队的六项核心原则。作为教练，我们希望能努力将这些核心原则耳濡目染地传达到孩子们的心中，我坚信正是这些原则帮助球队取得了杰出的成就。我们会按顺序向孩子们提出这些问题：

1. 你认为自己足够努力吗？是否已经发挥出了最大的能力？

2. 你跟其他队员并肩战斗了吗？

3. 你学到了新的东西吗？

4. 你是个优秀的运动员吗？

5. 你是否获得了快乐?

6. 你是为了获胜才参加比赛的吗?

在四年的时间里，我们的队伍取得了21胜5负的成绩。胜利对我们而言非常重要，因为它可以帮助孩子们获得信心，同时增添比赛的兴奋感。之所以在最后问孩子“你是为了获胜才参加比赛的吗”，是因为在我们看来，其他五个问题比这个问题更重要。

一年又一年，我们试着将每位队员安排到合适的位置上去。我们安排不同的比赛，然后组织球队训练。我们不断从失败中总结经验，不断提升自己的战略战术。我们要求球员百分之百地专注，每周都组织球队训练。最重要的是，我们要让孩子体会到我们的关心，无论是赛场上，还是赛场下，他们的每次成长都让我们倍感欣慰。

家长告诉我们：“孩子们很喜欢在球队的这段时光。现在，他们收获了自信，认为自己可以战胜一切困难。”

就过程和原则而言，清除障碍对话更像是一场好的教练指导。指导工作和扫清障碍都很重要，因为成功无法一蹴而就，特别是

我对工作绩效，对自己乃至周围的人都有很高的要求。但我知道要满足这种要求，就一定要让周围的人强大起来。你无法要求一个不够强大的人满足你的高要求，这是不公平的。

——卡洛·斯戈恩

当我们希望能取得更重要的进步时，这条成功之路不可能永远畅通无阻，总会有障碍在前面等着你。

优秀的教练经常会组织清除障碍对话，他们会与团队一起并肩作战，经常向员工提出问题并向员工学习。他们欢迎员工拥有创新思维，通常面对面地给予员工鼓励，提醒员工他们拥有独特的价值，并有潜力为团队做出杰出的贡献。他们经常与员工探讨如何成为一个身体、心灵、意识和精神都很完整的人，并借此表现出自己对员工的关怀。

麦肯锡公司进行的研究显示，大多数经理对自己的角色认识都很局限："监督员工工作，帮领导层将信息传达给员工。这样的经理总是关注着身边发生的每件事，不断强化计划和规定，汇报实施成果，并迅速将遇到的问题和麻烦向上级反馈。"麦肯锡将这样的经理概括为"只知道监督工作，不知道贡献想法的人"。这样的经理会让公司失去活力，降低公司的生产率和收益率。

那么，麦肯锡对此有什么好主意呢？"为了释放员工的能力，经理应该在这两件事上多费些心力：一是帮助员工了解公司的发展方向及其对每个员工产生的影响，二是指导员工提升工作绩效。在当今社会中，这两点任务都很重要。"

麦肯锡的研究显示，在运行良好的公司中，一线经理会将60%~70%的时间投入在每个基层员工的高品质指导中，而这种指导方式往往能带来较高的回报。

工作座谈上

在一场比赛后，运动队队员往往会聚在一起碰头商讨战术。他们评估前一场比赛的得分情况，分析自己的处境，商讨如何为所在团队赢得比分，以及制定下一场比赛的作战方案。

一些优秀的领导者也会因为相似的原因与员工聚在一起分析当前的分数，即为了实现目标而必须达成的关键衡量指标。他们当前的进展如何？他们的预期进展是什么？员工将已经取得的成果汇报给自己的领导，并总结自己的工作表现。同时，他们也会将自己遇到的困难和瓶颈告知领导，然后与领导一起商讨解决方案。领导与员工一同商讨如何为彼此扫清前进路上的障碍，领导倾听员工的想法，向他们提供必要的帮助，有时也会向员工学习。

与员工的工作讨论要想取得成功，最关键的就是保持团队的一致性。领导定期与员工进行这种工作研讨，可以帮助公司奠定一种负责的文化氛围，这种工作座谈也会成为进行清除障碍对话的重要条件。这时，员工可以一起讨论如何为彼此扫清前进路上的障碍，而不是单纯地保护自己，责怪他人，或指责他人工作表现不佳。

开展工作座谈的最好方式就是将团队成员聚在一起，一同分析团队当前的工作进展。下面，我们就一起来看看这样的工作座谈是如何进行的。

你：这次召集大家开会，主要是想探讨一下我们目前的工作进展，看看有没有什么能够互相帮助的地方。从记分板上你们不难看出，我们确实没有实现增加库存的目标，谁知道这其中的原因是什么吗?

凯拉：我们的预测不够准确，我怀疑我们的销售点数据可能不太准确。

你：其他几位也这样认为吗?

山姆：我同意凯拉的观点。

美嘉：我有一个问题。负责汇报销售点数据的员工是否正确地使用了相关的设备呢? 也许我们应该多开设一些培训课程。

西奥：我认为我们对负责库存的员工太宽容了。我们允许他们估算的误差在10%上下，这样他们在估算时就变得很草率，我们应该将可允许的错误率调整到5%。

你：大家的想法都很不错，美嘉，你有什么计划吗?

美嘉：我回去再检查一下我们的课程设置情况，一定要保证员工接受了正确的操作培训。

乔治：我可以找到培训资料，我会把所有材料都发给美嘉，然后帮她一起对现有材料进行更新。

你：太棒了！西奥呢?

西奥：我会重新处理一下数据，看看库存偏差会不会出现一些有价值的变化，但我希望你能帮助我把误差标准降低一些。

你：我会和楼层经理谈谈，让他把误差标准降低一些。

这样的座谈可以简单扼要，重点讨论团队的工作目标和具体措施，以及团队成员应该如何帮助彼此排除障碍。这种谈话不需要你花费太多时间，或安排大家彼此抱怨。事实上，最好的工作座谈就是大家站在一起聊个几分钟就可以了。但领导者需要指出会谈的方向：让大家指出问题，然后一起讨论如何解决问题。

这种谈话往往是为了解决某个特定的问题才进行的，但你可以在任何场所组织大家进行清除障碍对话，比如员工会议、退修会、研讨会等一切需要商讨进度并互相帮助、共同前进的场合。谈话的重点是推进工作，可以很简短，但如果遇到了重要机遇或障碍的时候，谈话内容可以涵盖更多内容。

此外，任何人都可以提出或领导大家进行工作座谈。作为领导者，你应该培养团队树立积极主动的工作态度，努力实现目标。让大家轮流主导谈话，可以帮助团队成员树立对团队目标的责任意识，从而找到自己应对困难的方法。

你可以抓住很多机会，进行清除障碍对话。由于员工缺乏组织小组谈话的经验，有时谈话方向可能出现小小的偏差。这时，虽然你是小组的领导者，但你依旧无须徘徊在员工周围，随时打断他们的谈话。事实上在这种谈话中，领导者很少对员工的表现给予评价。达特茅斯学院悉尼·芬克斯坦教授的报告显示：“只有2%的领导者会不断地对员工的言论给予评价，只有2%！”在清除障碍对话中，我们无须像大多数领导者那样忽略了如此重要的交流互动。

提示：谈话时应避免的态度

和其他两则对话一样，领导者在进行清除障碍对话时，也有需要注意的地方（见表4.4）。在谈话过程中，领导者要避免以下三种态度。

表4.4　提示

三个领导力对话技巧 透明、公开的议程
关于清除障碍对话的提示 **应避免的态度：** ● 如果员工需要帮助，他们一定知道在哪里能找到我。 ● 我花了很多精力才走到今天的位置，做得比别人更好。 ● 我要一直保持工作状态，因为经验对我而言是无价的。

● **你知道在哪里能找到我。**

这样的态度会让团队错失很多良机，因为不常见到你，员工遇到困难时总会犹豫要不要去找你。在他们看来，你的工作太重要了，他们不应该去打扰你。如果你能来到员工身边，主动与他们交流，他们就会更好地了解你，跟你相处时也会更舒服。如果你能邀请员工与你分享他们遇到的困难和顾虑，你就能得到自己想要知道的信息。沉浸在自己的空间里和工作中，也许对你而言有很强的吸引力，但这并不是作为领导的职责所在。

- **我付出的已经足够多了。**

你要避免出现这种态度：“我花了很多精力才走到了今天的位置，做得别人更好。”显然，当你为他人贴上了“烦人精”的标签后，没有人会愿意“麻烦”你，没有领导者会如此敷衍自己的团队。

- **我已经得到了一切我想要的答案。**

你也不希望把自己当作（或鼓励他人把自己看作）一切知识、解决办法和智慧的来源。你不是，没有人会是这样的。任何时间、任何地点都可能产生好的想法，帮助员工扫清障碍并不意味着你需要想到一切或是能够应对一切，这种做法也是行不通的，而且你永远也做不到这样。相反地，扫清障碍、扶植成长应该是每个人的工作，而你要做的就是教导员工如何完成这项工作。

结 语

在一家公司调研时，我们先提出问题，再让员工用“是”或“不是”作答。看看这些问题有没有跟你相似的地方呢？

在完成工作目标的过程中，我的领导给予了我很多帮助。

我们发现，员工的肯定回答与公司的业绩之间存在明显的关联。在个人访谈中，我们与员工就领导的帮助带给员工的影响展开了热烈的讨论，你能明显感觉到高效能公司中充满着活力。

在低效能公司中，同样的问题却得到了员工充满了讽刺的回答：“当然了，如果你认为夸大其词，为每个员工上紧发条也算是帮忙的话。”或者“什么领导？我都有六个月没见她了”。当我们带着员工的答案访问他们的领导时，往往会听到这样的回答：“我当然也想多花些时间培训、教导我的员工，但我真的没有时间。”

这些领导为什么会觉得自己没有时间呢？因为在他们眼中，自己的工作不过是在上层领导与下层员工之间传达信息，对员工进行微观管理，搁置问题，解决一个又一个危机罢了。另一些领导则错误地歪曲了“下放权力”的概念，他们认为自己已经把权力下放给了员工，事实上，他们所谓的“权力下放”不过是抛弃了员工而已。归根结底，这样的领导者不但没有帮助员工扫除障碍，反而为员工平添了不少阻碍，他们没有帮助员工打通前进的道路，反而把路堵了起来，最终降低了公司的效能。

清除障碍对话是形成高效能公司三根支柱中的最后一根，谈话展现了领导对员工的关怀：“我最重要的工作就是帮你扫清障碍，让你可以安心工作，我很愿意与你一起讨论我或者我们应该做些什么去排除这些困难。”

当员工真正找到了自己的心声，当他们的工作获得了领导的尊重，当他们对发展目标有了清晰的认识，当他们的前路变得畅通无阻，他们的天赋就能得到真正的释放。作为领导者，你应该将精力重点放在对公司、对团队、对个体最重要的事情上，从而帮助团队取得成功。

讨论题

1

你认为什么是清除障碍对话?

2

清除障碍对话为什么通常要在正式的心声对话与绩效对话之后进行?

3

你认为什么样的性格特质能帮助你提高清除障碍对话的效能?你认为诚实、值得信赖、信守承诺这样的品格会对工作进程产生哪些重要的影响?

4

什么样的思想观念能帮助领导者有效地为员工清除障碍?

5

你如何抽出时间帮助他人排除阻碍?

6

你会如何评价一位经常帮助员工排除障碍的领导者？

7

如果你未能帮助其他人排除障碍，团队会承担什么样的损失？

8

你在工作中是否遇到过可以进行清除障碍对话的机会？

9

为什么说让每位成员都学会清扫障碍很重要？如何让团队成员互相帮助彼此清除障碍？

10

清除障碍与微观管理的区别是什么？

11

在向领导反映问题前，你需要做的重要步骤是什么？

12

你将如何帮助自己的领导更多地为自己排除前路的障碍？

5

第五章

释放天赋的4条法则

养成充分理解并积极运用各项原则的习惯，能帮助你拥有终极智慧。

——阿弗烈·诺夫·怀海德

泥瓦匠的故事

尊敬的先生：

您要求我提供更多关于三号街区事故报告的信息，我将在这封信中对您的要求做出回应。我将本次事故的原因归咎于“规划欠佳”，您要求我对此事做出充分的解释，希望下文中的这些细节能够满足您的要求。

我的职业是泥瓦匠。事发当天，我正在一栋新的六层建筑楼顶单独施工。施工结束后，我发现还剩下一些砖头，它们大概有240磅重。我不想徒手将这些砖头搬到楼下去，于是就打算把砖头装进桶里，再用装在大楼边的滑轮组把桶降到地面上去。

在确认了绳子很坚固之后，我爬上了屋顶，把桶里的东西清理干净，并把砖块装了进去。然后，我爬下屋顶，解开了绳子并紧紧抓住它，确保这些240磅重的砖块缓慢地降下去。相信您已经看过事故报告了，我的体重是130磅。出乎我意料的事情发生了，突然间，我被甩离了地面，惊慌失措的我忘记了要松开绳子。剩下的不用我说您也清楚了，我快速地摔向了楼的另一边。

我在三楼附近看到了装满砖块的桶，它正飞快地往下坠。这就是造成事故报告第三段中提到的颅脑骨折、轻微脑震荡、锁骨骨折的原因。虽然速度减慢了一些，但我仍被滑轮拉着快速上升，直到我右手的两根手指被卷进滑轮才停下来。幸运的是，此时的我终于恢复了镇定，紧紧地抓住绳子，渐渐感觉到了来自身体的剧痛。

然而，就在此时，那一桶砖头重重地摔在了地面上，桶底被摔掉了。除去砖头的重量，空桶的重量大约是50磅左右，而我的体重是130磅。接下来发生的也许就不难想象了，我开始从楼的另一侧急速下坠。当我下坠到三楼的位置时，再一次看到了上升中的桶，这次摔伤导致我脚踝骨折、牙齿断裂、腿和下半身严重挫裂伤。

这回，我总算交了次好运，与桶的这次擦肩而过似乎减慢了我的下坠速度，也减轻了跌落砖堆对我造成的损伤，最终只造成了我三根脊椎骨骨折。

虽然感到很抱歉，但我还是要告诉您，当我浑身疼痛地躺在砖块中无法移动时，我看到了六层楼楼顶的空桶。我再一次惊慌失措，松开了紧握绳子的手。然后，我就躺在那里，看着那个空桶再次向我砸过来。

这就是无视自然规律或法则而导致的后果，报告者忽视了重力的作用。所谓法则指的就是不会改变、无需证明的自然存在的真理。我们可以选择对法则视而不见，但这个小故事再次证明了我们会因为无视法则而受到惩罚。

既然有诸如重力这样的法则掌管着自然界，就会有诚实、正直和耐心这样的法则管理着人际交往。举个例子，如果我们为人诚实，就会在人际交往中建立信任；如果我们不诚实，就会出现怀疑和猜忌。无论是在工作中，还是在个人生活里，诚实都是放之四海皆准的法则。我们既可以选择尊重它，也可以忽视它。我们对这些不变的、普遍存在的真理的尊重和服从程度，会直接影响到我们生活、人际关系和领导力的质量。

这三则领导力对话是以高效人际交往中永恒不变的法则为基础形成的。本章我们将着重探讨四条基本法则，它们是这三则对话的核心内容和过程。我们想了解，作为领导者，你是如何在个人生活和员工生活中培养这些法则的。

法则一：贡献

1776年，苏格兰经济学家、伦理学家亚当·斯密创作了《国富论》，这本书后来被誉为古典经济学的奠基之作。在一些人眼中，斯密认为如果人能够为自我利益奋斗，经济就一定会蓬勃发展；自由企业制度的核心就是不计一切地获得成功，并给各方带来利益，为我们带来繁荣的正是市场经济这只“看不见的手”。

但这并不是亚当·斯密所要表达的，我们不需要对他的经济学理论进行冗长的探讨，你只要记得他是伦理学教授就可以了。

他的主要观点是：当人真正找到了心存的善良时，商业才会发挥作用。人们可以参考自身利益，但经济发展决不能通过欺骗和操控的方式以消耗别人的利益为代价。只有当我们被这种心存的善良和道德品质环抱时，我们所处的社会才会实现真正的繁荣。

亚当·斯密在《道德情操论》中写道：

在很多情况下，促使我们将那些神圣美德转换为现实的，既不是对邻居的爱，也不是对人类的爱，而是那些更强烈、更强大的爱：对荣耀和高尚品质的爱，对宏伟壮丽的爱，对尊严的爱，以及对我们身上那些优秀品质的爱。

想打造一支高效能的团队，你需要培养团队成员树立这样的观念：这些法则，特别是贡献法则，能带来更强大的爱并创造心存的善良。你一定要让他们知道，做出应尽的贡献是关乎他们的荣誉与良好职业操守的事。如果你的团队中混入了道德沦丧的人，那么任何“无形的手”都无法将你和其他成员从欺骗和失望的泥潭中解救出来，我们所经历的无数经济危机就是对此最好的诠释。

心存善良的人更像是贡献者而不是索取者，他们有着一套截然不同的行事风格。索取者总是用索取的眼睛去看这个世界，而

世界公民关心的是道德伦理和行为举止。公司首先要考虑的应该是自己在世界中的作用，公司的存在难道就只是为了尽可能多地赚钱吗？

——黛博拉·邓恩

贡献者用的却是贡献的眼睛。索取会制造恐惧和资源的浪费，贡献则会带来希望和更多的机遇。

在贡献者眼中，经济交易的基础就是商品与劳务的双赢交换。好的买卖总能带来可观的价值，这是一种富有创造性的范式。

而在索取者看来，经济交易的基础很简单："我能获利即可，我不在乎在此过程中其他人能收获什么。""一桩好的买卖能带来什么价值并不重要，只要我从你那里得到了我需要的利益就足够了。"这样的经济交易只能带来虚假的财富，因为除了怨恨，没有任何新鲜事物在此过程中诞生。打个极端的比喻，这样的范式就好比独裁者疯狂积累个人财富，而置国家的贫穷于不顾。

正如我们所看到的，如果这样的思想存在于经济大咖的脑中，那势必会带来一场灾难。2008年爆发的严重经济危机迫使前美联储主席艾伦·格林斯潘承认"自己太过信任自由市场的自主修正能力，未能参与修复恶意抵押贷款带来的毁灭性的影响"。他说："我们总是依靠贷款制度的自我利益保护股东的股本，这导致包括我在内的所有人都陷入了令人震惊的猜疑中。"

在自己的畅销书《终极问题》中，弗雷德·赖克哈尔德从"好的利润和坏的利润"出发，解释了贡献模式与索取模式带来的不同结果。在他看来：

虽然坏的利润不会自己显现出来，但很容易就能被辨认出来。当消费者（我们再加上员工）感觉自己被误导了、苛待了、忽视了或者压制了，那么，他们创造出来的利润就是坏利润。不公平的、具有误导性的报价或缺点都会带来坏的利润，当一间公司试图通过带给消费者（员工）不愉快的体验，或制定有失偏颇的不公平、不公正的策略等来节约成本时，就会产生坏的利润。坏的利润是最大限度地从消费者身上榨取价值，而不是创造价值。

他认为，消费者和员工能感受到公司真的为他们的幸福考虑时就会变得快乐，他们创造出来的就是好的价值。举个例子，亚马逊为了带给消费者更为方便的体验，投入了不少资本。好多公司为员工开出了高于市场价的待遇，并因此吸引了很多优秀的员工。迪斯尼不仅给消费者带来了绝妙的体验，也为自己的“演员班底”（员工）带来了福利。这些都是有名的利润丰厚的公司，虽然它们也不尽完美，却用自己的繁荣诠释了贡献这一企业文化带来的利益。

我们不难发现，这个法则适用于心声对话、绩效对话以及清除障碍对话，但我们想着重讨论一下它对心声对话产生的核心作用。

我们之前也提到了，发现自己的心声意在找到你应该做出的贡献是什么，其原则就是分享你能给予的最好的，做好你能做的，

只注重获利的目标是空虚的目标。物质上越是富有的人，他们的精神就越贫穷，因为他们的内心是孤独的。他们从不满足，总想要得到更多。

——特蕾莎修女

留下你应该留下的问题，真正激发你释放天赋、热情和最高价值的正是你心中的那份贡献精神。

对你这个领导以及你的员工而言，这一点是极为重要的。那么，你们应该怎么做呢?

你一定能实现。当你在贡献法则的指导下，找到自己作为领导者的心声时，就激发了你内在的潜力和能力，从而为公司和社会做出贡献，实现公司和社会的目标，这不仅能丰富你的个人生活，还能为你带领的员工做出强有力的表率，鼓励他们像你一样。

你一定能找到。你可以在员工中赞颂贡献的重要作用，告诉他们在贡献精神的驱动下，他们会取得哪些不同的成果。当雇用新员工时，你也可以选择那些乐于贡献的人。

你可以教导他们。你可以在培训中，特别是进行心声对话时，帮助员工将公司规则与他们的贡献精神联系在一起。

当你帮助员工寻找心声时，他们中的一些人也许会发现你想要的并不是他们能给的或者他们也许能在其他团队的其他工作岗位做出更好的贡献，没有关系，事实上，对你们双方来说，越早发现这些其实越好。

其他人也许会认为自己在同一个团队中的另一个岗位上能做得更好，为了实现价值的最大化，你们可以一起研讨，找到调整的办法。

一些人也许不会一开始就从贡献的角度去审视自己的工作，但当你将法则的重要性告诉他们时，也许就能找到的新方法，帮他们投入到各自的工作中。

你也许对意大利神父和石匠的故事并不陌生，有一位意大利神父在一个炎热的午后偶遇了三位正在工作的石匠，他问第一个石匠：“我的孩子，你在干什么？”

石匠回答说：“我在切割石头。”

接着，神父又问第二个石匠：“你在干什么？”石匠回答：“我每天能赚100里拉（马耳他、叙利亚、土耳其和意大利货币单位，在意大利于 2002年被欧元取代）。”

最后，神父问了第三个石匠同样的问题，石匠回答说：“我在建一座美丽的教堂。”

作为领导，你可以帮助自己的员工重塑他们对工作的认识。即使是对那些为了养家糊口而工作的人来说，如果能让他们知道供养家庭也是一份宝贵的贡献，他们一定会在工作中找到更多乐趣，表现得更积极。

当你在头脑中构思如何在贡献法则的指导下进行心声对话时，请先问问自己这些问题：

- 我是不是在贡献法则的驱使下工作的？我是否向员工们表达了自己对工作贡献的热情和兴奋？
- 对比贡献者，我是否有时更像个索取者？我对他人的认识会因此产生什么影响？它对我留给他人的印象又产生了什么影响？
- 什么样的员工会变成索取者？什么样的员工会成为贡献者？我应该如何帮助索取者改变他们对工作的认识？

● 我们需要每位成员为整个团队做出什么贡献？

● 为了照顾所有人的利益，我们应该如何为每个人精心安排各自的工作？

越来越多开明的领导开始将注意力放在工作贡献上，它不仅能提高公司收益，也能一点一点地改变我们对世界的认识。我们曾认为这是个物资匮乏的世界，每个人都要为了获取一点食物而不断奋斗，现如今我们发现这个世界物产丰沛，只要心怀善良，每个人都能得到自己应得的东西。

法则二：信任

与贡献法则一样，信任也是每则领导力对话必不可少的法则。在这里，我们想以绩效对话为例，着重讨论一下信任的重要本质。无论是创建双赢协议还是作为团队一起完成重要的工作目标，都需要成员间彼此信任。当你对员工怀抱充分的信任时，就能放手让他们尽可能做到最好——用最好的状态完美地完成工作。

对一些人而言，想要互相信任真的很难，一项研究显示，如今，人与人之间的信任值已经降到了历史新低。无论是金融市场、商务领域、商业领域、政府机构、教育机构还是宗教团体，人与人之间都缺乏信任，我们也因此付出了沉重的代价。

经济学者弗朗西斯·福山曾说过：“人与人之间普遍存在的不信任感就好像为各类经济活动征收了繁重的赋税，而这种赋税在高信任度社会中是根本不存在的。”如果领导不相信自己的员工，“信任税”就会增加，公司经济就会陷入停滞。

正如史蒂芬·M.R.柯维在自己的畅销书《信任的速度》中所说的，信任并不只是一种美好的社会美德，更是一种可测量的、极具实用价值的商业成果。当公司内的信任感上升，成本就会随之降低，发展速度就会提高；当公司内信任感降低，公司的发展速度就会降低，投入成本反而会增加，这就是我们为此付出的“信任税”。

一个连自己都不愿意相信的人永远不会相信其他人。

——吉恩-弗朗索瓦·德·贡迪

显然，我们在团队或公司中建立起来的信任越多，就越能将赋税变成红利。所有人不仅能更好地工作、配合完成重要的工作目标，也能在工作中享受这种高度信赖关系带来的社会红利。

柯维列举了13项有助于建立信任关系的行为，尽管有13项可以应用，但其中一些对参与绩效对话的团队和个人都提出了较高的要求。在准备进行绩效对话时，你需要预先评估如何更好地展示这些重要的、能够建立高度信任的行为。

直言不讳

对行动指南和各类资源，你是否做到了真实、坦白？你是否对资源做出了过度的承诺？你是否因为迫于上级压力而推行了某些不合理的行动指南？对于具有激励作用的日程，你是否足够坦诚？你对公司的制度是否做到了直言不讳？

阐明期望

团队成员是否清楚地知道你对他们的期待是什么，他们可以期待从你这里获得什么？如果你日后突然改变立场，他们是否会感到意外？

让自己和他人为承诺负责（这其实是对两种行为的整合）

你是否经常为自己的承诺感到骄傲并希望他人也有这种感受？当承诺落空，你是否曾为自己或他人开脱，甚至忘记了自己曾经许下的承诺？在责任面前，你能否做到一视同仁？如果有人未能坚持到底，你是否会责备一些人而原谅另一些人？

兑现结果

你是否会兑现自己的承诺，或是成为谈话的巨人、行动的矮子？你是真的太忙还是效率太低，经常徒劳无功？你是否真的会竭尽全力满足团队的需要？

可以想见，这些行为会对建立高度信赖关系产生直接影响，并为整个团队带来高度的信任。这些领导力对话能带给你的其中一项好处就是：为你提供了在某个现实环境中向员工展现高度信任的机会。如果你在谈话的过程中做到了其中一项，就能与团队建立起信任。

下面，我们就一起来看看这些行动究竟是什么。在阅读过程中，想想自己能借此进行哪些思考？同时，想想你的回答能为个体和团队表现带来什么（见《信任的速度》）？

- 表达尊重
- 公开透明
- 匡救弥缝
- 显示忠诚
- 取得成果
- 面对现实
- 先听后说
- 传递信任

在与团队共事的过程中，给予信任是非常重要的一点，但有时候，因为领导者给自己设定了过高的要求，这一点往往变得很难实现。

但是，给予员工信任是提高其工作能力的基础条件。如果你不愿意相信自己的员工，就无法给予他们自由的空间，让其在无人监管的情况下释放自己的天赋。

在进行绩效对话时，你可以参考下面的方式表达自己的信任。请注意领导应如何通过给予员工信任，而在各阶层员工间建立起信任关系。

你在与员工讨论期待的结果时，由衷地希望了解其他人对重要目标的看法，却发现很难。在为工作排序时，她的排列方法与你截然相反。你并没有“直接告诉她应该如何排序”，而是希望站在她的角度上去倾听和观察。你之所以选择倾听，是为了更好地理解她的心声，而不是与她对峙。于是，你通过这种方式表达了你对她，对她的知识面、经验和能力的信任。从她的角度出发，你可以更好地了解来龙去脉，收集更多的数据。事实上，你也许还会发现她知道很多你不知道又非常愿意了解的关于客户需求的信息。虽然你最后依然无法认同她的排序方式，虽然你们仍然需要一同寻找第三种解决方案，但通过这次谈话，她会因为你的信任而得到进步，你也会更愿意相信她是一名优秀的员工。这样一来，无论是当下还是未来，你们都能更轻松地达成共识，找到双方都能接受的解决方案。

一位团队成员恳求你再考虑一下布置给他的工作，他并没有足够的信心，相信自己能完成其中一些任务。于是，你谨慎地为他划定了期待值，并向他表达了你对他以及他工作能力的信赖。为了提高他的工作能力，你希望他能试着努力一下，并且答应会在他需要的时候提供帮助，为他扫清工作中的障碍。如果他愿意相信你给予他的自信而你也能遵守承诺，向他提供帮助，他对你和你的判断力的信任就会越来越多，并更加相信你是个诚实、正直的人。同时，你和他对他能出色完成任务的信心也会越来越多。

在你与一位团队成员进行绩效对话时，她从开始就一直在说另一位员工在工作中出现的失误，你对她说："我们给他打一通电话吧，看看他对这件事还有什么想说明的。"换句话说，你不希望这次谈话演变成对某位不在场员工的指责和讨伐会。在做出不公正的决断前，你希望能对这件事有一个完整的认识，这样一来，你不仅赢得了不在场员工的信任，也赢得了指责他人的员工的信任。她会了解到，如果其他员工在谈话中提到了她，你也一定不会让她受到任何不公正的指责。

忽视绩效对话的其中一个危险就是信任的缺失。公司内的信任值开始下跌，我们也会忘了要信守承诺。我们也许会为自己开脱，试着将自己从麻烦中解脱出来，并辩称是公司没有提供明确的工作目标，我们会试着去表达一些不需要我们表达的事情。总而言之，这样的行为会逐渐侵蚀人际关系中的信任。

另一些行为也会对信任造成损害，甚至摧毁信任关系，而绩效对话却为我们提供了挽回甚至重建信任关系的机会。你可以经常与员工进行这种谈话，并在谈话过程中努力表达我们提到过的这些展现信任的信号，比如，阐明期望，直言不讳，许下并恪守承诺，兑现结果。久而久之，当人与人之间缺乏信任时，这些行为就会产生积极的影响。总而言之，这些行为能够界定员工的工作绩效。

在恢复信任的过程中，谈话的方向，即使是很小的细节都是由你来决定的。比如，当你与一位团队成员进行谈话时，不小心漏掉了她的一句评价，当你意识到这件事时，可以花几分钟时间，悄悄来到她身边，以个人名义向她道歉，以此让她知道，她的感受对你而言非常重要，能够正视错误也是修复信任的一种方式。

收获信任的基础是你值得被信任。大多数人都认为自己是值得信任的，然而不幸的是，我们对自己的评判是以自己的意图为基础的，而他人对我们的评价是以我们的行为为基础的。一些时候，我们的意图与行为之间存在着巨大的差别。

为了让他人知道我们是值得信赖的，我们需要向其展示我们的良好意图和有效行为。在此过程中一出现偏差，我们就要及时进行修正。正如史蒂芬·R.柯维在书中所写道的那样："如果因为你的某个行为而产生了某个问题，你不应该极力为自己推脱责任。"他的儿子史蒂芬·M.R.柯维补充说："没错，但你可以通过实际行动帮助自己摆脱困难，问题的解决往往比你想象的还要快。"我们通过自己的行为表现出的可靠程度越高，其他人就越会觉得我们值得信任。

显然，无论是建立信任还是重建信任，都应该从你做起。你表现出的可信度越高，其他人就越容易相信你。你给予别人的信任越多，对方给予你和其他员工的信任也就越多。你为公司营造出的信任氛围越浓厚，就会有越多的员工能够自由释放自己的天赋，并与其他人团结一致去实现最重要的目标。当信任破裂时，你带领员工重建信任的次数越多，就会有越多的员工相信你对原则的坚持，以及你守护公司原则的意愿。

领导力对话能帮你创建天然的机遇，与团队的其他员工建立你想要建立的信任关系，并不断审计你与员工之间的"信任账户"。只要你愿意参与其中，你就能在各信任账户间找到平衡点，并找到增加信任的最佳方法。

法则三：协同一致

协同一致指的是整体效果应大于各部分相加之和，即1+1应大于或等于3。为了更好地解释这其中的含义，请想想这个问题："一匹马能拉动多少磅的重物？"答案是"1000磅左右"。"两匹马能拉动多少磅的物品？”答案是“约4000磅”。在这个案例中，1+1达到了4的效果。为什么会出现这种结果呢？当两匹马一起工作时，就能弥补对方的缺点，填补彼此的效率差距。虽然一匹马的力量已经足够强大，但当它们在一起工作时，力量就会变得强大无比！

就某种程度而言，我们都有过类似的协同体验。你是否曾经是某支杰出团队的一员？你是否曾经发现在某些领导者的带领下，你所表现出的创造力已远远超过你的实际能力？

协同一致是不少公司和团队追求的目标，“我们共同努力总要好过一个人孤军奋战”就是对此最好的诠释。

三则关于领导力的对话如果能够行之有效地进行，就能在团队中培养起协同一致的精神。而在这三则领导力对话中，发挥核心作用的就是清除障碍对话。当你努力追求一个从未实现过的目标时，倘若遇到了困难，就需要把不同能力的人聚集在一起，才能想办法克服障碍，为彼此扫清前进路上的障碍。

几年前，互联网搜索引擎是人类面对的最大困扰。它使用起来非常不便，人们很难利用它找到自己想要的信息，它就好像是存储未归类信息的巨大仓库一样。

后来，由两个截然不同的人组成的协同小组帮助人们打破了这一障碍。当谢尔盖·布林和拉里·佩奇相遇时，他们还是两个计算机科学专业的大学生。他们甚至互相讨厌，谢尔盖回忆说：“我们都不是讨人喜欢的那种人。”无论谢尔盖说什么，拉里都会立刻提出反对意见，然后谢尔盖也会下意识地回击拉里。最后，他们竟发现这是个非常有趣的游戏，就此成了朋友。

然而，他们依旧是完全不同的两个人。谢尔盖性格外向，一心想着成为富豪，并且热衷于各种派对。拉里性格内敛，热爱数学，除此以外对什么都不关心。

在对知识的无限渴求和其他因素的共同作用下，他们开始尝试用不同的方法在互联网上搜索信息。拉里想到了通过计算他人搜索频率来寻找信息的办法，他认为人们的点击量越高，说明信息越重要。基于在数学方面的专长，他设计出了一套复杂的计算方法。终于，谢尔盖和拉里为人们创造出了革命性的新方法，帮助人们在互联网上便捷地找到需要的信息。

分开来说，谢尔盖和拉里只是两个聪明的年轻人，他们几乎没有什么共同的兴趣爱好，性格也截然相反。然而一起工作时，他们又表现出了令人震惊的协同性。他们强强结合，终于创造出了伟大的搜索服务并成立了众所周知的谷歌公司。无论他们当中的哪一个单独来做，都无法取得这样的成就。

我们一起看几个典型事例，看看人们是如何重视协同法则并从中受益的。

所谓权力，指的是权力共享而非权力控制。权力能帮助个体胜任某项工作或与他人合作，而不是独裁或控制。

——安奈而 · 巴斯托

他们考虑的是双赢

这句话的言下之意就是，他们把他人的利益看得和自己的一样重要。

作为本书研究案例的一部分，我们与其他人进行过几次面谈。我们要求受访者根据以下论述，在1~5分的范围内，为自己打分。

“我和同事把他人的成功看得和自己的成功一样重要。”

那些给自己打出5分的人（我与这个描述完全相符）都是热爱自己工作的人。对于一支杰出的队伍而言，员工为他人扫清障碍，帮助他人前进并完成目标的这种意愿是非常重要的。

他们尊重不同意见

他们不会受到思维方式、性格、民族、性别等其他不同因素的困扰，事实上，他们很欢迎多样化。他们不会说：“你想的和我完全不一样，你不是疯了就是错了。”而是说：“你和我想的不一样，我想听听你的想法。”

尊重不同意见意味着人们聚在一起工作是为了找到更好的全新的方法，而不是一成不变地遵循以前的办法。将协同一致转化为行动就是：团体合作的产出应大于个人产出的总和。

他们欣赏新的、更好的想法

他们从不轻言放弃，而是一直在寻找更好的办法。如果一条路行不通，他们就会创造出另一条路。如果遇到了看似无法克服的困难，他们不会气馁退缩，而是把它看作需要克服的一次挑战。你一旦释放了他们的天赋，他们就会冲破一切障碍，这就是“扶植个人成长”的精神所在。

你需要的是一群考虑双赢、尊重不同意见并且愿意尝试新想法的人，帮助彼此扫清障碍。毫无疑问，你也必须是他们当中的一员。请好好利用清除障碍对话，帮助自己和团队员工树立这种态度。请牢记，一切都需要由你开始。

法则四：同理心

作为领导、教练和导师，在三则领导力对话中，我们能做的最重要的一件事就是带着同理心去倾听，用真心去倾听。我们中的很多人往往专注于自己的日程、计划和面对的挑战，从未考虑过简单的倾听和理解产生的价值。不是为了评判、批评或发表任何评论，不是为了反驳、探究他人或分享自己的经历，而是真诚地、发自内心地倾听另一个人的话语，并试着理解他想要表达的想法。

带着同理心去倾听是向他人展示真正关心的最佳途径之一，因为它展现了你对他人的尊重。它的言下之意是：“我很重视你，珍视你的独特之处、你的想法、意见和经历。我很珍惜你给这次谈话带来的新内容，给团队和公司带来的一切，以及我可以从你身上学到的新东西。”它为员工创造出了一种发表想法、感受和观点的安全环境，使员工愿意承担风险，贡献自己最好的一切，而不用担心受到谴责和嘲笑。

虽然我们还可以学习很多更好地倾听别人的方法，但带着同理心去倾听是一种最基本的心理建设和思维模式。如果一个人没有真心理解他人想法的深深渴望，也没有积极倾听或其他展现自己关怀的技巧，那么，这就是同理心法则存在的基础。事实上，以上这些往往会使大多数人感到自己是被操控的，从而产生截然相反的效果。如果我们能找到真心关心他人的基础，就能学到更多能够帮助我们有效表达关心的方法。

对于领导而言，带着同理心倾听员工的心声是帮助其激发潜能、释放天赋的基础，这样做不仅会给个人、团队或公司带来益处，也会让你这个领导或教练从中受益。如果员工能舒适地表达自己的想法和感受，你将获得更多准确的信息并拥有更准确的决策洞察力，员工也将逐渐开始独立解决问题。

诸如被理解、被肯定、被批准、被欣赏这样的心理生存是仅此于肉体生存之外人类最重要的需求。当你带着同理心倾听他人的话语时，就给予了对方心理空气。当你的这种重要需求得到满足时，就能专注于施加影响或解决问题上，人对这种心理空气的需求会对生活的方方面面产生影响。

——史蒂芬·R.柯维

我们的一位合伙人与我们分享了她关于同理心倾听的亲切体验：

几年前，我花了很长一段时间提高自己的聆听技巧，希望自己能成为一名更好的倾听者。这对我而言是一次极大的挑战，因为我总希望对方能快速表达完自己的想法，解决问题。

在此期间，我妈妈罹患了严重的心脏病。在过去的九个月里，她已经接受了两次大的心脏手术，这次又要进行另一项大手术——心脏绕道手术。在我们聊天时，她告诉我她希望遵从生命的自然法则，不想再接受任何手术了，因为每次手术之后，她都要花很长时间艰难康复。

我下意识地想要打断她，并试图帮她解决问题。我很清楚她的最佳选择是什么，并试图告诉她，虽然心脏绕道手术难度很大，但她的确能在短时间内恢复很多。我想把我在网上查到的数据告诉她，让她知道这种手术的成功率很高，而且有很多她这个年纪的老人都接受过这样的手术。我已经想好了一整套的康复计划，提供了可供她选择的休养方式，注明了包括我在内的所有孩子该如何轮流照顾她，以及她将如何快速康复。我制订了一套完美的计划，只需要劝她接受建议就可以了。

值得庆幸的是，在跟她说出这些话之前，我停了下来，提醒自己她也有选择是否接受治疗的权利。虽然我极力希望她做出不同的选择，但她有权掌控自己的生命，而我无权干涉，更何况我也能感受到她已经身心俱疲了。我们只需要为她提供稳定的治疗，让她有时间考虑并做出自己的选择。她需要的不是对她指手画脚或横加干涉的人，而是爱她、理解她的人。

当她表达了自己的想法后，我脑海中回忆起的是她的话语、想法、感受和经历的那些可以名状或无法名状的痛苦。我放弃了试图劝说、修正或鼓励她的想法，而是选择了简单的倾听，试着理解她的感受。

她再次告诉我，她已经很疲惫，不想再接受任何手术了。那一刻，我们俩都哭了。我向她表达了我有多爱她，并告诉她无论她做何选择，我都会全力支持。

我与她坐了一会儿，相视无言，平静的气氛填满了整个房间。她对我说："你也知道的，我很想看着孙子、孙女们慢慢长大。"

我回答说："我知道他们很喜欢和你待在一起。"

最后，她说："也许我应该多陪陪他们，你愿意陪着我吗？"

妈妈选择了手术并顺利康复了，直到两年后的今天，她的身体依旧硬朗，那时她也可以做出另一种截然不同的选择。她真正需要的是一份理解，一片能让她表达内心感受的心理空间。

当这一需求得到满足时，她就能够继续思索自己真正想要的到底是什么，也就是多陪陪自己的孙子、孙女们。她知道自己拥有选择的权利，无论如何，她都有权选择自己想要的方式。

当我们选择倾听他人想法的时候，奇妙的事情就会发生。大多数时候，人们往往因为没有机会充分发掘自己的真实想法或感受，而对自己的需求一无所知，因此他们最终会选择捍卫自己的立场或为自己争取心理空气。

如果我们能够给予他人机会，让他们自己解决问题并问问自己真正想要的是什么，不仅他们能了解到自己内心深处最真实的愿望、想法和感受，我们也能成为更优秀、更明智的领导，并在这一过程中不断成长，这将是我们真正帮助员工释放天赋的开始。

作者注

我对同理心的力量最戏剧化的一次感受发生在南非。那时候，总统纳尔逊·曼德拉刚结束了27年的牢狱生活，而我在南非参加一个活动，需要停留一段时间。在经历了多年的种族隔离制度和内乱后，南非举行了第一次多种族参与的总统选举。参加活动的有45位来自政府、商业、教育行业的领导者，他们中的一些人也刚从监狱中释放出来。这场为期三天的活动意在帮助这些领导者了解彼此的想法，并学习如何一同共事。

显然，这是一次大胆的尝试，参与者中的一些人多年来一直保持着固有的思维和意识，他们之间存在着巨大的社会差异和政治分歧，然而，他们竟然都愿意努力尝试如何让新政府顺利运转。

活动开始后，他们面对面坐下，空气中弥漫着一种可以感知到的紧张气氛。然而，没过多久，大家就讨论起了那些永恒的法则，紧张气氛开始慢慢消散。

活动第二天，大家聚在一起讨论并参与有关“习惯五：知彼解己”的活动，局面终于出现了转折。他们试着将学到的法则和技能付诸实践，并开始带着同理心去倾听彼此的谈话，带着真诚去理解他人。大家终于开始慢慢打开心扉，表达自己内心深处的想法和经历。当持有对立意见的一方开始讲话时，另一方试着倾听并体会他们的想法和感受，感受对方这些年经历了什么，由此，彼此间产生了深切的尊重感，而这种尊重逐渐取代了紧张。

第三天夜晚，在星辰满天的南非，这场公开会谈终于圆满地落下了帷幕。我们一起坐在围栏里点燃的篝火旁享用晚餐。晚餐结束后，我们一同分享了过去几天的感受。

接着，一位尚干族的女性站了出来，一边唱着歌，一边跳起舞。几分钟后，另外两个活动参与者也开始边唱边跳。没多久，在他们的邀请下，祖籍欧洲的南非人、英国人的后裔、美国人、护林员、黑人、白人、老人、孩子、贵族、前科犯，每个人几乎都融入了歌舞之中，他们围着篝火，欢乐地为团结庆祝。后来，管理员惊讶地表示，在过去的31年里，他从未见过这样的场面，这绝对是历史中欢快而又朴实的一页。

用心倾听不一定只能在两个私交甚好的朋友或是面对面谈话的两人之间才能进行，只要双方是真心希望了解对方，即使是泛泛之交的两人也一样有机会带着同理心倾听（见表5.1）。

一位同事说：一天，我与一群年轻人共事，我们一起学习了带着同理心倾听别人的重要性。我们面对面进行了好几轮技巧练习，然后，我们每个人都接受了一项挑战——回家之后进行一次同理心谈话。

表5.1 高效人际交往的法则

三个领导力对话技巧

透明、公开的议程

四个法则

法则一：贡献

- 发挥积极作用
- 增加价值

法则二：信任

- 为人诚实可靠
- 承诺并信守承诺

法则三：协同一致

- 将无数不同融合统一，从而产生强大的力量，大于各部分力量之和。

法则四：同理心

- 为了真诚理解而倾听
- 反例：为了评判、批评或发表评论而听，为了反驳、探究他人或分享自己的经历而听。

提　示

- 你无时无刻不在与人沟通，有意的、无意的，正式的、非正式的，确保自己表达了自己想要表达的真实意图。
- 每个人都有尚未发现的潜力，都有能力做出卓越的贡献。请把与你共事的人当作不断成长并完善自我的贡献者，他们每个人都有自己的独特之处，一定会做出了不起的贡献。

机遇

- 如果你发现了一位对工作毫无热情或怀疑自己能力的员工，抓住这次机会，进行一场心声对话吧。
- 如果你发现了这样一位员工或这样一支团队，他们努力工作却未能取得可喜的成果，抓住这次机会，进行一场绩效对话吧。
- 如果你的团队努力上进，但你希望他们能取得更棒的成就，那么就抓住这次机会，进行一场清除障碍对话吧。

第二天，大家聚在一起分享了自己的成果。在其中一支队伍里，一名大学生告诉我们，他在前一天晚上给朋友发了一条简讯，询问她工作近况如何，她说自己度过了糟糕的一天。当他正想与朋友分享自己度过了多么有趣的一天时，他突然意识到这是练习更好地倾听他人的好机会。

于是，他简单地回复道："听起来，你今天过得很糟糕。"这条回复不带有任何评价或分析的色彩，只是对她分享内容的简单重述，他希望通过这种方式告诉朋友，他对此很感兴趣，并在认真倾听。

接下来发生的事情让他大为吃惊："她又给我发了五条信息，告诉我今天究竟发生了什么。最后一条的内容是'谢谢你让我发泄情绪，你真是我的好朋友！'"

他很吃惊，因为他并没有做什么，只是通过一条简短的信息，肯定地告诉朋友自己对她糟糕的一天十分关心而已。

三个对话技巧对企业文化的影响

几年前，组织行为学教授J.邦纳·里奇曾写过一则幽默小故事，他希望通过这个故事告诉大家，对话是如何对组织文化产生影响的。

虽然在今天看来，这个小故事已经有些过时了，但其中包含的法则是永恒的，甚至同样适用于今天。

一只趴在岸边高大岩石上的老海象吼道："下面怎么样了？"它期待听到好消息。岩石下方，一群小海象紧紧围在一起。事情进展得并不顺利，但谁都不愿意把这个坏消息告诉大海象。它在族群中块头最大、头脑最聪明，它很清楚自己的任务是什么，小海象们并不想让它陷入糟糕的情绪之中。

海象执行官罗勒问道："我们该怎么跟它说呢？"它还记得上次海象群没有捕获足够族群食用的鲱鱼时，老海象对它大吼大叫的场景，它不想再体验一次了。然而几周以来，附近海域的水位线正逐渐下降，海象群需要去更远的地方捕食，以满足近日逐渐减少的鲱鱼供给。它们需要把这个消息告诉老海象，但应该由谁来说，又该怎么说呢？

最终，罗勒打破了沉寂："一切顺利，长官。"虽然逐日下降的水位线让它心情沉重，但它还是继续说道："事实上，这片海滩已经越变越大了。"

老海象咕哝道："很好，很好，这下我们休息的地方也变大了。"接着，它闭上了眼睛，继续晒起了太阳。

第二天，事情变得更糟糕了。另一群海象迁徙到了这片海滩上，在入侵者的影响下，鲱鱼供给量不足的问题变得越来越严重。虽然只有老海象能带领大家解决困境，却没有海象敢将这一切告诉自己的长官。一阵低声细语后，它说："还有一件事，长官，有一群新来的海象迁徙到我们的领地了。"老海象突然睁开了眼睛，深深吸了一口气，准备向着下面大喊，但罗勒很快又继续说道："当然，它们并不会给我们带来任何麻烦。我觉得它们应该不爱吃鲱鱼，而是爱吃米诺鱼。您也知道，我们的族人都不爱吃米诺鱼。"

老海象长舒了一口气："那就好，那就好，但也没什么值得我们高兴的，不是吗？"

在接下来的几周中，情况并没有任何好转。一天，老海象顺着岩石往下望时，发现族群中有一些海象不见了。它将罗勒叫到身旁，愤怒地低吼道："罗勒，这是怎么回事？大家都去哪儿了？"可怜的罗勒不敢将事情的真相告诉老海象——一些青年海象已经离开族群，加入新族群了。罗勒清了清嗓子，回答道："是这样的，长官，我们最近裁掉了一批族人。我们把那些没什么用的海象都裁掉了，现在的族人都是海象群中的精英。"

老海象回答道："我一直强调纪律要严明，一切顺利就好。"

没过多久，除了罗勒之外的其他海象都加入了新族群。罗勒意识到，是时候告诉老海象真相了。虽然害怕，但罗勒这次很坚定，爬上岩石后，它说道：“长官，我有一个坏消息要告诉您，其他海象都已经离开您了。”老海象很吃惊，它甚至来不及愤怒，“离开我？”老海象大吼道，“全都走了吗？怎么回事？为什么会这样？”

罗勒不忍心将真相告知老海象，只是无助地耸了耸肩。

老海象答道：“之前都还好好的，我真的无法理解。”

这个故事就是要告诉我们：“领导需要知道的并不一定都是他爱听的事。”我们可以继续补充：“如果组织内没有形成自由对话的氛围，没有形成高效的交流方式；如果所有人无法为了共同的目标发挥天赋，提升自己的工作绩效；如果没有人愿意为彼此排除成功路上的阻碍，那么，领导者怎么能得到他需要的信息呢？”

当你思考这个问题时，请再想想什么是文化。如今，“文化”是我们讨论某家公司或团体组织时最常用的一个词，我们常将一家公司的成功归功于它强大的企业文化。在谈论一家苦苦挣扎的公司时，我们常说：“这家公司的文化约束性太强，是留不住人才的。”我们认为，所谓文化就是由公司成员的集体性习惯行为创造的一种环境氛围，简单来说，就是他们的习惯。

这些习惯都是你可以观察到的。员工能按时参加并结束会议，还是他们经常迟到、拖沓？员工会在会议开始前做好充分的准备，还是赶在会议结束前毫无准备地出现？他们会将任务截止日期看作自己的承诺，还是一个模糊不清、经常错过的目标？当其他人给出建议时，他们是虚心接受还是满脸不满？他们是否会跟同事分享信息？这些都是你可以观察到的习惯性行为，而企业文化就是由这些行为创造出来的。

领导力对话的本质和频率是企业文化不可或缺的一部分。再次说明，这些都是你能观察到的东西。只要你愿意用眼睛去看，用耳朵去听，你不仅能观察到员工的一举一动，也能看到他们与他人交流时的态度。同时，你也能注意到，在高效法则的指导下，员工的行动与态度发生了哪些变化——由沉默不语到释放天赋，提高工作表现力，并为彼此扫清通往成功道路上的重重障碍。

令人欣慰的是，通过学习本书中的三则领导力对话，你也能够教导或培育出可以创造高效企业文化的基本法则。同时，你能借助这些基本法则纠正员工的行为习惯，并在这个过程中，逐步改善企业的文化氛围。当大部分员工养成了定期进行领导力对话的习惯时，释放天赋的文化氛围也就随之形成了。

请想一想诸如结构、系统、奖励、决策制定和战略部署等受这种转换影响的因素吧。在不考虑组织理论的情况下，领导力对话会对这些因素产生哪些潜在的影响。当对话成为企业文化的一部分时，组织结构会随着源源不断的反馈而不断提高和改善。自律将成为机构中最主要的工作管理系统，战略部署也将不断凝练

我认为那些真正智慧的企业越来越看重的不仅仅是员工本身，还有他们培养起来并不断维持着的人际关系，员工间的人际关系才是决定企业生产率的关键因素。

——迈克 · 库克

并最终成为公司操作流程的一个部分。奖励机制也会不断整合，变得更有价值。当然，企业的变化远不止这些。

请时刻谨记，企业是由员工组成的，健康企业的核心就是这些员工间产生的相互作用。而这三则领导力对话则能强化员工间的相互作用和影响，它们简单、实用、可操作性强，但总的说来，它们既是无数高效企业追逐的目标，也是实现企业目标的重要途径。

精明的领导者就像一个精明的农夫，他们知道当自己准备好土地和作物后，只要经过精心培育、养护，随着时间流逝，他们的付出终会换来回报。虽然个体事件如同暴风雨或洪水般无法预测，但他们的行为模式是可以预知的。如果你能将这些行之有效的法则付诸实践，随着时间的推移，你终将创造出能够释放能力、孕育成功的文化氛围。

结 语

如果你选择遵循贡献、信任、协同一致以及同理心法则，那么在释放天赋的道路上，你还有很长一段路要走。

有明确奋斗目标的人是很难被阻止的，当知道自己能做出什么贡献时，他们的思想和心灵就已经得到了释放，心声对话就是领导者发现员工贡献并使之明朗化的钥匙。

当个体得到了他人的信任时，就会变得充满自信。你的信任和依赖会成为他们潜在的动力，善良的人不愿让他人失望，清晰的双赢协议则会帮助个体准确地兑现自己的承诺，最终获得的成就感会让他们变得值得信赖，并帮助他们赢得更多人的信任，而这份信任可以改变一切。

懂得协同一致的员工是公司的宝贵财富，他们不会贪慕虚荣，不会因为别人的成功而产生嫉妒。当有人提出不同意见时，他们不会怀有戒心，而是充满喜悦，因为他们知道接下来的讨论会产生更好的选项。他们势不可当，无论通往成功的路上有多少不可避免的障碍，他们都能找到新的办法顺利解决。

当你带着同理心倾听他人的谈话时，对方将有机会更好地认识自己，发现自己的天赋与热情。他们将更愿意表达自己的想法和观点，愿意承担风险，愿意创新、合作，学习新的技能并尝试新鲜事物。无论是对员工，还是领导者、团队、企业或组织，同理心都是一份礼物。总的来说，天赋得到充分释放的人能有效地打造出高效能团队。

这本书的最后一部分讨论题将告诉你如何才能打造出一支高效能团队。我们希望这些探究式的问题能帮助你更好地衡量自己，看自己是否已经为领导一支天赋得到充分释放的团队做好了准备。

讨论题

1

你真的愿意帮助员工释放天赋吗？你已经决定要沿着这条路走下去了吗？

2

你愿意将权力下放给员工，让他们有机会创造出属于自己的成功之路吗？

3

作为领导者，你是否愿意花大量时间与员工进行正式或非正式的会谈？你是否愿意与团队成员进行一对一的面谈？你是否愿意放手，让员工独立完成自己的工作？

4

你是否真的相信贡献、信任、协同一致等法则带来的宝贵价值？如果答案是肯定的，你将如何在这些法则的指导下，释放团队成员的天赋？

⑤

你是哪种类型的领导？是喜欢监督员工还是选择在成功的路上与他们并肩作战？

⑥

你是否愿意为了加强团队中各成员间的人际关系而投入心力？

⑦

本书的内容已接近尾声，请问问你自己：“我希望领导自己的团队取得成功，那么我应该在哪些方面多投入一些精力，多做一些努力？”

后记
释放员工天赋，是责任，更是机遇

每个人的身体里都蕴含着一条好消息，那就是：你不知道自己究竟有多优秀！你的爱有多少！你可以实现什么样的目标！你的潜力究竟在哪里！

——安妮·弗兰克《一个年轻女孩的日记》

作者注

几年前，我在一家拥有六个部门的中型企业担任领导，那时，我发现其中一个部门需要一位新经理。当我努力在脑海中寻找那个合适的人选时，我想到了约翰。

连我自己都为这个想法感到震惊，虽然约翰的工作能力很强，但他是个直言不讳的人。而他所在的部门需要处理很多人际关系问题，这使我很自然地认为这位新的经理人选除了要有必备的知识和技能外，还需要拥有强大的、外向的性格，来帮助他修复人际关系，维系部门的团结统一。

在此之前，我和约翰有过几次接触（也就是我现在所说的心声对话），通过接触我发现，虽然约翰很少表露，但他拥有一颗柔软的心，我认为他拥有这个部门需要的才华。

当我提名由约翰担任这个部门的经理时，不少人都大跌眼镜。在我的推荐之下，他最终接任了部门经理的职务。我们坐在一起讨论问题和期待的结果，我竭尽所能地帮助他，希望能促使他取得成功。

很快我就发现每当我们一起讨论部门内的问题时，约翰总能快速锁定问题的症结所在，然后竭尽全力地帮助并支持自己的下属。他不仅能向那些佼佼者伸出援手，也愿意帮助那些不起眼的小人物。当他们共事时，他会默默地支持并帮助他们培养取得成功必备的技能。

在约翰的领导下，没过多久，部门员工就取得了不少进步，很多问题也得到了解决，员工的积极性大大提高了。很快，约翰的努力就受到了大家的认可。在他的故事的影响下，其他部门员工也开始努力完善自己，并逐渐意识到互相帮助的重要意义。虽然有时候他的说话方式依旧直截了当，但人们渐渐读懂了他的心，约翰终于收获了成功，成了一名受人尊敬的部门经理。起初，我还担心他如何与其他员工共事，但当其他员工渐渐明白约翰有多关心自己时，他的这种能力反而成了他最大的优势。

我和约翰的故事让我受益匪浅，这个故事告诉我，永远不要轻易去评价一个人，而是应该敞开心扉去寻找他们内心深处的东西，并让他们的能力有机会得到释放。

这个故事告诉我，永远不要因为一个人有一些不尽完美的地方而忽略或否定他，要想帮助员工成为一个有用的人，也并不一定要彻底改变他的性格。如果我们善于用眼睛去发现这些粗糙棱角下隐藏的闪光点，并创造出机会和环境，他们就可以最大限度地发挥自己的潜力，做到最好的自己。

这个故事也向我证明了心声对话的重要性。如果起初我没有与约翰进行过任何谈话，就不会发现他其实是一个懂得关心别人的人，也不会发现他的潜力，那些部门员工也就无法在他的积极影响下取得进步和发展，我们的部门也无法取得如此显著的成果。

与此同时，我需要努力让自己拥有一双善于发现的眼睛，去发现那些就在我面前的美好，以及其他隐藏在粗糙表面下闪闪发光的钻石。

正如我们在本书序言中提到的那个故事，在华盛顿特区的一个寒冷的1月早晨，很多地铁站的乘客匆匆从世界顶级小提琴演奏家约书亚·贝尔身边路过，却没有认出他。作为领导或教练，我们常常会忽略身边人的潜力和天赋。

没错，让这些潜力和天赋得到释放才是创建高效能团队或机构的关键步骤。

通常，我们对自己作为领导、教练或导师的身份角色也没有一个清楚的认识。无论在任何时候，担任领导者既是一个绝佳的机会，也是一份重要的责任。你也许是一家拥有数千员工的国际机构的总经理，也许只是一个三人小队的队长，又或是为人父母，无论你是一位正式领导还是一位非正式领导者，你都是那个可以给身边人带来影响并帮助他们取得杰出成就的人。

正如我们在第一章中提到的，唯一能对个体表现或公司业绩产生深刻、积极影响的就是那些能够帮助共事者释放天赋的领导者。

一些角色能够让我们很自然地感受到释放天赋和能力带来的喜悦。如果我们为人父母，当看到自己的孩子不断成长、进步并取得成功时，会感到激动和喜悦。如果我们是一名物理治疗师，当看到病人在我们的治疗下战胜疾病或从某次意外中康复时，会得到极大的满足感。如果我们是一名运动队的教练，当看到自己的队伍战术水平不断提高并取得成功时，我们会与队员一同庆祝。如果我们成为老师，无论学生是孩子还是成人，当他们收获了新的技能或学到了新的知识时，我们会感到由衷的喜悦。无论哪种情况，当我们帮助别人取得成功时，都会获得属于我们自己的幸福感。

另一些职业则会让我们通过其他途径获得满足感，比如增长的薪水，得到的认可，收获的荣誉或获得的提拔。如果我们在一家营利性机构担任领导，工作的内容与人类发展和慈善事业并无直接联系，这种方式就会变得尤为准确。在这类机构中，我们有时很难将自己的角色与关爱员工、帮助他们释放天赋联系在一起。然而，有一点可以肯定，无论在哪种机构中担任领导，这都是我们获得真实的快乐、大大的满足感并最终收获成功的途径。

我们应该如何培养这双善于发现的眼睛呢?

人们常说眼见为实，但反过来说，看不见的也未必就是假的。如果你认为效率法则真实存在，并且对此深信不疑，即使你会遇到挑战，但依旧能在效率法则的指导下帮助他人，无论是在生活中还是在职场上，你都能收获最好的结果。这样一来，你就会对他人和机会产生截然不同的认识。你不会再把员工当作可以使用的工具、可以被修理或丢弃的机器，而是拥有天赋、智慧、深度和伟大潜能的，不断发展、成长的个体，他们完全有能力做出自己的贡献，让世界变得更美好。你的工作也不再是发号施令、管控员工，而是充分信任员工，帮助其释放天赋与热情，做出应有的贡献。

基于你对自己和他人的认识，你将选择相应的方式实现自己的职责，并最终在以原则为中心的信念指导下，收获正面的结果。

领导者的职责有很多，你需要做的其中一件就是经常与员工进行有意义的谈话，让其能够自由地做出最好的贡献。请牢记，你不能永远拒绝与员工沟通。无论是否使用语言，你与员工的沟通都是无时无刻不在进行的，通过这些谈话，你或是释放了员工的心声，提升了他们的工作绩效，为他们扫除了成功路上的障碍，又或是一无所获。

如果你有所收获，那么你就完成了领导者的职责。如果对话让你一无所获，那么你也许只做了普通经理可能做的事情，而不是领导者该做的。最后，你究竟创建了什么样的组织文化?

当你看到这些时，请记住：如果你希望提高自己的领导能力，而过去的种种经历却无法让你相信或不足以让你相信法则的力量，以及对现实的憧憬，请你记住，对信仰的渴望同样会让你踏上征途。在这种渴望的鼓励下，请你投身其中，试试这三则领导力对话。对话指南可以让一切变得简单起来，你可以逐章学习这三则对话，然后结合自己的实际情况深入实践这些对话技巧。

与此同时，请记住，当你组织员工进行了领导力对话后，你会发现自己不仅帮助了别人，也发掘了自身新的天赋和能力。你会将更多精力投入到员工身上，并成为一名更优秀的倾听者。你会更善于发现他们的天赋，发现他们会给团队和公司带来更好的贡献。你会改变思维模式，成为一名老师、教练或是为员工提供帮助的力量之源。你将显著改善所在团队对整个公司所做贡献的数量、质量和本质，你将协助公司创建一种有助于激发员工潜能、促使其提升工作绩效的环境。

在此过程中，你也会犯错误，特别是一开始，你可能无法将事情做得尽善尽美，但是从现实角度来说，没有一个人可以将所有事情都完成得非常完美。然而，从某种角度而言，如果我们选择相信效率法则，并将其运用到现实生活及领导过程中，我们一定会越做越好，离我们期待的结果越来越近。

让我们把序言中对你许下的承诺当作本书的结尾：

读罢此书，如果你愿意加入我们，并在书中提到的对话指南的指导下，开始组织员工进行真正的领导力对话，你将：

- 建立新的领导力思维和技能，使自己与员工的关系得到显著改善和深化。
- 树立足够的自信，相信自己拥有发现并帮助员工释放天赋的能力。
- 越来越意识到，当你帮助他人释放天赋时，也释放了自己的天赋。

通读全书后，我们希望你能试着与员工进行几次领导力对话。如果你已经试过了，以上这些变化是否已经开始显现了呢？我们真心希望你能尝试几次，因为我们相信这会为你的领导工作和生活带来巨大变化。

如果你还未曾尝试，我们会鼓励你试试看，因为激发自己和他人的天赋，你将因此收获人生中最大的乐趣。

附录一　领导力对话技巧指南

三个领导力对话技巧

透明、公开的议程

个人价值

个人价值是一家公司的灵魂，将帮助机构生存、发展，并对世界未来产生深远的影响。

个人价值具有独特性，是属于每个人的。当我们面对人生巨大挑战的时候，个人价值才会体现出来，让我们有能力战胜困难。

个人价值是天赋（你与生俱来的才能与能力）、热情（那些能够激励你、鼓舞你、给你动力、让你兴奋的东西）、需求（包括你能给社会做出的贡献）与良知（内心深处的低语，帮你辨别是非）的综合体。当你的良知驱使你去努力满足社会的需求时，当你全身心投入某份能够运用你的天赋、点燃你的热情的工作时，这就是你的个人价值所在，这就是你的使命，你的灵魂代码。

——史蒂芬·R.柯维《高效能人士的第八个习惯》

三个领导力对话技巧

透明、公开的议程

心　声

目的：帮助每个个体发现并做出独特的、有意义的贡献。

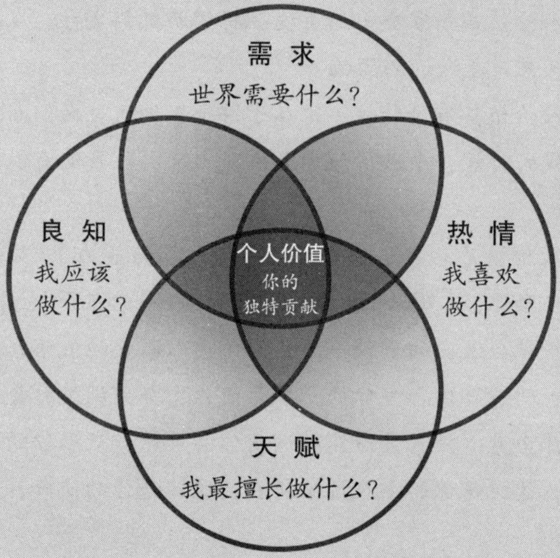

三个领导力对话技巧

透明、公开的议程

个人价值

使用方法　认真考虑每个问题，找出自己的观点以及问题的答案，并与他人进行交流。

1. 需求（外在需求、内在需求）

（1）在客户、公司及市场中，你发现还有哪些需求和机遇？

（2）自己能做出的最大贡献是什么？

2. 热情

（1）一直以来，你最喜欢做什么？

（2）什么样的工作或机遇会让你兴奋不已？

3. 天赋

（1）你的兴趣、天赋和能力是什么？如何更好地培养和开发？

（2）有什么事情你现在虽然没有做，但你可以做得很好？

4. 良知

（1）对你来说最重要的价值和原则是什么？

（2）你觉得工作的哪个方面最好？怎样才能让它变得更有意义？

三个领导力对话技巧
透明、公开的议程

关于心声对话的提示

应避免的态度：

- 所谓的“心声”根本不重要，我的工作就是确保员工完成自己的工作。
- 我会把对员工潜力的评价写进他们的年度考核中去。
- 这件事，等我有时间再做吧。
- 只要员工们各司其职，谁会在乎他们是否充满热情呢?
- 我相信员工们一定很信任我，愿意跟我分享那些对他们很重要的事。
- 我知道什么对他们来说才是最重要的。
- 只要能赚钱，这有什么大不了的?

三个领导力对话技巧

透明、公开的议程

工作绩效

如果绩效对话进行得顺利，那么员工和领导会达成以下共识：什么是最重要的？为什么最重要？如何实现重要目标？如何跟踪进展情况？如何提高改善？员工可以了解公司的整体愿景、任务、策略和发展目标，并为之而努力。这种谈话并不是单方面进行长篇大论，特别是对于那些老员工而言，双方都应该参与到谈话中来，最终使三方受益：不但公司和领导者能从中受益，员工可以将自己最重要的目标和公司的目标匹配起来，从而在为公司奋斗的过程中实现自己的目标。

——选自《释放天赋：激活潜能的三种领导力对话》

每个人都有很多有价值的想法，它们就像火种，只有遇到其他人的热情或火花，才能被点燃。

——阿尔贝特·施韦泽

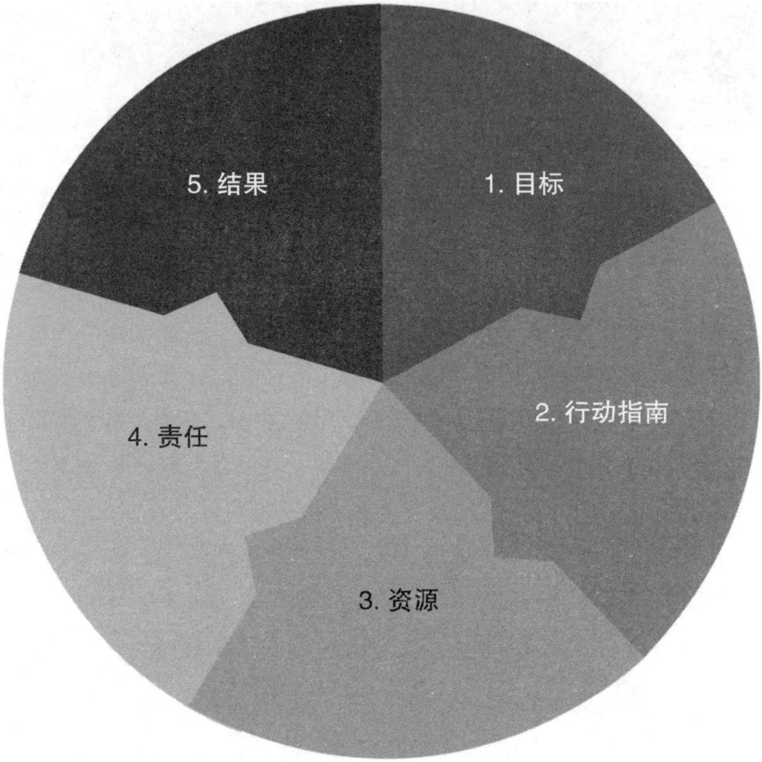
5. 结果
1. 目标
2. 行动指南
4. 责任
3. 资源

三个领导力对话技巧

透明、公开的议程

1. 目标

使用方法 进行如下讨论并最终达成共识。

需要做什么?

1. 团队最重要的两三个目标是什么?

2. 衡量成功的标准是什么?

3. 要有所贡献，你就必须设立个人目标，你认为自己最重要的两三个目标是什么?

4. 如何把个人目标与团队目标结合起来? 你的个人目标的重要性在哪儿?

5. 你的目标是否现实可行?

6. 你打算如何把这些目标转化为计划（即何人将在何地做什么）?

7. 如何衡量你自己的成功?

提示：

- 避免设置过多的目标。
- 不要太过片面，也不能专横，倾听时，要以理解为目的。

三个领导力对话技巧

透明、公开的议程

2. 行动指南

使用方法 进行如下讨论并最终达成共识。

需要做什么?

1. 谈话对象是谁?他们的预期目标是什么?
2. 你的工作会对其他团队或部门产生什么影响?
3. 已经有什么规定及/或步骤?
4. 是否需要考虑相关的生态、质量、安全或法律问题?
5. 是否需要考虑政治或文化因素?

提示:

- 不要制定非必要的规定。
- 不能忽视必要的规定。

三个领导力对话技巧

透明、公开的议程

3. 资源

使用方法 进行如下讨论并最终达成共识。

需要做什么?

1. 需要哪些人力和资源（比如信息、经费、培训等）？这些人力和资源是否能够得到保障?

2. 谁可以授权使用这些必要的资源?

3. 需要清除哪些潜在的障碍?

4. 是否可以使用信息和技术，彻底颠覆“游戏规则”?

5. 为了达到目标，有些人力和资源是否可以进行调配?

提示：

- 不要轻易放弃，是否还有其他途径可以获取必要的资源?

三个领导力对话技巧

透明、公开的议程

4. 责任

使用方法 进行如下讨论并最终达成共识。

如何跟踪记录进展情况？

1. 哪些活动可衡量？哪些活动可进行干预？哪些活动可以提前预测（哪些是主要指标）？

2. 谁负责收集信息，如何进行追踪记录？

3. 在具体执行过程中，我们会取得哪些标志性成果？

4. 需要多久进行一次工作总结？

5. 如果有必要，我们应该如何修正调整？

提示：

- 千万别忘了，责任是相互的，应该以双方同意为基础。责任需要共同承担，而不能由一方强加给另一方。
- 千万不要以为，就算没有长期系统的交流沟通，就算不经常进行总结和评价，员工也会有责任意识。
- 不要把责任当作威胁员工的武器，让员工承担责任，是让员工在工作中找到意义、提高参与度的工具。

三个领导力对话技巧

透明、公开的议程

5.结果

使用方法　进行如下讨论并最终达成共识。

1. 目标实现了会产生怎样的影响？

- 对客户的影响（内在影响/外在影响）
- 对公司的影响
- 对整个团队的影响
- 对员工个人的影响
- 对其他利益相关者的影响

2. 如果未能实现目标，会产生怎样的影响？

- 对客户的影响（内在影响/外在影响）
- 对公司的影响
- 对整个团队的影响
- 对员工个人的影响
- 对其他利益相关者的影响

3. 是否需要对双方达成的一致目标进行修改？

提示：

- 尽量避免提出计划外的目标。

三个领导力对话技巧

透明、公开的议程

关于绩效对话的提示

应避免的态度：

- 假设员工知道关注的要点在哪里。
- 是为了回答而听，不是为了理解而听。
- 未能将为数不多的要点从无数重要任务中提炼出来。
- 未能在个体工作与总目标之间建立联系。
- 不重视争议、问题和挑战。
- 不愿与他人达成共识，强迫他人接受你的安排。

三个领导力对话技巧

透明、公开的议程

清除沿途的障碍

领导者应该为自己的员工提供帮助，他们具有前瞻性，能够辨别出团队可能需要什么。他们能够从团队正在进行的工作中找到值得学习的地方，以及团队成员需要继续保持或改善的地方。他们可以把自己学到的知识传授给他人，教导他人。他们能帮助员工避免问题，预见机遇。员工可以在他/她的生活圈内工作，并互相帮助、互相支持。工作表现的绩效改善就是这么来的。

——《释放天赋：激活潜能的三种领导力对话》

三个领导力对话技巧

透明、公开的议程

清除沿途的障碍

目的：清除壁垒和障碍，创造新的、更好的方法，努力实现共有的目标。

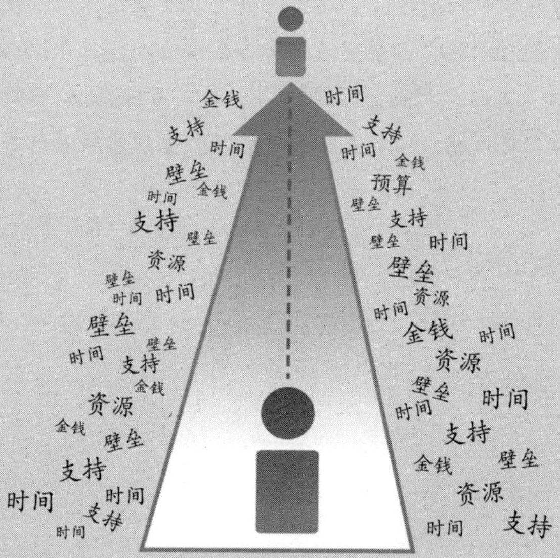

三个领导力对话技巧

透明、公开的议程

清除沿途的障碍

使用方法 利用这些问题或这些问题的答案组织一次讨论，或提出要求。

问题：

1. 你在做什么工作，进展如何？
2. 你学到了什么？
3. 你遇到了什么困难？
4. 如果需要改变一件事来推进你工作，你会做什么改进？
5. 团队成员如何帮助彼此扫清障碍？
6. 你发现了什么新机遇？
7. 有什么需要我帮忙的？

三个领导力对话技巧

透明、公开的议程

关于清除障碍对话的提示

应避免的态度：

- 如果员工需要帮助，他们一定知道在哪里能找到我。
- 我花了很多精力才走到今天的位置，做得比别人更好。
- 我要一直保持工作状态，因为经验对我而言是无价的。

三个领导力对话技巧

透明、公开的议程

四个法则

法则一：贡献

- 发挥积极作用
- 增加价值

法则二：信任

- 为人诚实可靠
- 承诺并信守承诺

法则三：协同一致

- 将无数不同融合统一，从而产生强大的力量，大于各部分力量之和。

法则四：同理心

- 为了真诚理解而倾听
- 反例：为了评判、批评或发表评论而听，为了反驳、探究他人或分享自己的经历而听。

提 示

● 你无时无刻不在与人沟通，有意的、无意的，正式的、非正式的，确保自己表达了自己想要表达的真实意图。

● 每个人都有尚未发现的潜力,都有能力做出卓越的贡献。请把与你共事的人当作不断成长并完善自我的贡献者，他们每个人都有自己的独特之处，一定会做出了不起的贡献。

机 遇

● 如果你发现了一位对工作毫无热情或怀疑自己能力的员工，抓住这次机会，进行一场心声对话吧。

● 如果你发现了这样一位员工或这样一支团队，他们努力工作却未能取得可喜的成果，抓住这次机会，进行一场绩效对话吧。

● 如果你的团队努力上进，但你希望他们能取得更棒的成就，那么就抓住这次机会，进行一场清除障碍对话吧。

附录二　双赢协议

双赢协议

协议双方：＿＿＿＿＿＿＿＿＿＿＿＿＿＿　**日期：**＿＿＿＿＿＿＿＿

贡献声明：

目 标

你希望努力实现什么目标？

＿＿＿＿＿＿＿＿＿＿＿＿＿＿＿＿＿＿＿＿＿＿＿＿＿＿＿＿＿＿

＿＿＿＿＿＿＿＿＿＿＿＿＿＿＿＿＿＿＿＿＿＿＿＿＿＿＿＿＿＿

行动指南

你需要遵循什么标准、水平、规定或步骤？

＿＿＿＿＿＿＿＿＿＿＿＿＿＿＿＿＿＿＿＿＿＿＿＿＿＿＿＿＿＿

＿＿＿＿＿＿＿＿＿＿＿＿＿＿＿＿＿＿＿＿＿＿＿＿＿＿＿＿＿＿

资 源

在此过程中，你可以使用哪些人力、经费和工具？

＿＿＿＿＿＿＿＿＿＿＿＿＿＿＿＿＿＿＿＿＿＿＿＿＿＿＿＿＿＿

＿＿＿＿＿＿＿＿＿＿＿＿＿＿＿＿＿＿＿＿＿＿＿＿＿＿＿＿＿＿

责 任

如何进行个人评估？应该多久评估一次？

＿＿＿＿＿＿＿＿＿＿＿＿＿＿＿＿＿＿＿＿＿＿＿＿＿＿＿＿＿＿

＿＿＿＿＿＿＿＿＿＿＿＿＿＿＿＿＿＿＿＿＿＿＿＿＿＿＿＿＿＿

结 果

如果双方都遵守协议，会得到什么奖励？

＿＿＿＿＿＿＿＿＿＿＿＿＿＿＿＿＿＿＿＿＿＿＿＿＿＿＿＿＿＿

＿＿＿＿＿＿＿＿＿＿＿＿＿＿＿＿＿＿＿＿＿＿＿＿＿＿＿＿＿＿

如果双方违反了协议，会有什么后果？

＿＿＿＿＿＿＿＿＿＿＿＿＿＿＿＿＿＿＿＿＿＿＿＿＿＿＿＿＿＿

＿＿＿＿＿＿＿＿＿＿＿＿＿＿＿＿＿＿＿＿＿＿＿＿＿＿＿＿＿＿

双赢协议

协议双方： 销售总监和杰姬　　**日期：** 9月1日

贡献声明：

我将充分发挥在项目管理和人事管理方面的专长，帮助部门和公司实现销售目标。

目　标

你希望努力实现什么目标？

- 成为一名优秀的项目经理，培训业务员，采取新的策略，将产品推向市场。
- 实现季度销售目标，实现年度销售目标。
- 迎接新的机遇和挑战，不断学习，不断进步。

行动指南

你需要遵循什么标准、水平、规定或步骤？

- 每周与销售主管和市场主管交流。
- 保持现有产品的营销和销售，同时加强新产品的培训。

资　源

在此过程中，你可以使用哪些人力、经费和工具？

- 从销售主管现有的团队中调用一个行政助理。
- 为各类培训和辅导拨付专项预算。
- 培训团队的成员每周投入10~15个小时，协助部门培训。

责　任

如何进行个人评估？应该多久评估一次？

- 每周一举行项目碰头会，随时沟通最新进展。
- 每天更新产品销售记分板上的信息。
- 每月与销售主管进行一次会谈，回顾本月工作进展，并结合实际，进行必要调整。

结果

如果双方都遵守协议，会得到什么奖励？

- 公司新产品实现或超额完成收益目标。
- 通过这次全新的挑战，我得以展示自己被埋没的才能，收获了额外的经验。
- 实现销售目标后，我也赚到了奖金。

如果双方违反了协议，会有什么后果？

- 无论是我还是公司，都无法享受以上所列的各种红利。

面对中国市场的见解与观点

企业的竞争优势很大程度上在于员工，因为其竞争与发展能力取决于员工的学习能力，以及适应市场、经济和技术快速变化的能力。如今员工日益成为企业品牌成功与否的关键要素，如果员工对公司漠不关心，甚至有所疏远，长此以往公司便会失去竞争优势，领导者有责任筛选、聘用、发展与留任优秀人才。

在这个全球市场竞争激烈的时代，人才的作用不容忽视。卓越的领导者深知，如果没有优秀的员工和匹配的技能，成功便无从谈起。成功的公司会吸引优秀的人才，并且会持续培养他们。事实上，波士顿咨询集团（BCG）2015年发布的报告《全球领导力和人才指数（GLTI）》显示，领导力和人才管理能力对财政绩效会产生重要的影响。“人才磁铁”（那些在20项领导力和人才管理能力上排名靠前的公司）与“欠吸引力企业”（那些领导力排名垫底的公司）相比，收入增长快2.2倍，利润增长快1.5倍。那么，你所在公司的领导者是否激发了员工的无限潜能呢？

富兰克林柯维（FranklinCovey）对全球数千个组织中上万名管理者进行了访谈。在中国，我们发现85%的受访者表示他们能够发现并激发员工的潜能，但其上级只有78%认同这一点。尽管有84%的受访者认为自己在工作中发挥了员工的才智和激情，但他们的上级中只有77%认可他们在这方面的工作。

很明显，对于现今许多领导者和管理人员来说，要想成为能够发掘并帮助他人发挥潜能的领导者，带领他人走向卓越，特定的知识框架与技能组合必不可少。

《释放天赋：激活潜能的三种领导力对话》能够帮助阅读此书的领导者了解并培养一些基本原则，利用这些基本原则营造能够创造并维持最佳业绩的企业文化。在这一节，我们将介绍三家成功的中国企业——百度、百胜中国与京东方，他们在发掘并释放员工潜力方面实施了成功的行动方案，并建立了高效的企业文化。

百度讲故事，告诉你如何释放员工潜能

2000年，李彦宏抱着技术改变世界的梦想，携搜索引擎专利技术从硅谷归来，创建了百度公司。现在，百度已经是全球最大的中文搜索引擎和最大的中文网站，拥有数万名研发工程师。这支队伍掌握着世界上最为先进的搜索引擎技术，使百度成为中国掌握世界尖端科学核心技术的中国高科技企业，也使中国成为除美国、俄罗斯和韩国之外，全球仅有的4个拥有搜索引擎核心技术的国家之一。根据第三方权威数据，在中国，百度PC端和移动端市场份额总量达73.5%，覆盖了中国97.5%的网民，拥有6亿用户，日均响应搜索60亿次。那么，百度是如何管理这支中国乃至全球最为优秀的技术团队，并且最大化释放百度人的潜能与天赋的呢？

2017年Q1的总监会上，李彦宏发表了《迎接新时代》的主题讲话。谈及百度对未来的规划，他提到要做好准备，迎接四个新时代：内容分发时代，连接服务时代，金融创新时代以及人工智能时代。而最重要的是，公司的风气要好。基于此，百度有自己的管理和用人之道。

百度人力资源高级副总裁刘辉介绍，百度的人才理念可以总结为四句话：招最好的人，给最大的空间，看最后的结果，让优秀人才脱颖而出。人才成长机制也紧密围绕这四句话展开，力求最大程度地释放人才潜能。

百度招“最好的”人，但“最好”并不仅仅是指从顶级院校毕业的人，而是指专业能力强、学习能力强、认同百度文化的人。在给新人创造“最大的空间”时，百度用“三件事”来激发员工潜能。

第一件事就叫“小马拉大车”。“(在百度)不能够论资排辈。要从真正的需求出发，根据人的能力，尤其是像互联网这样的一个快速变化的行业，很多时候那些年轻人，其实他们比我们能够更早地感知到这种变化。要让他们有足够的发挥的空间，就要大胆地用新人（摘自李彦宏发言）。”“有些年轻员工很有能力，可以承担更大的职能或者事情，那么百度就提供一辆‘大车’给这些有能力的员工，挑战自己、释放潜能。此外，在全新的领域，也要给那些有潜力的员工更多的机会，去‘啃硬骨头、登险峻山、种盐碱地’，如果在这些领域开花结果，那么无疑是一次自我挑战和潜能释放的过程。”

第二件事就叫“peer pressure（同侪竞争）”。“十年前，百度做一些新产品的时候，那些产品的负责人，可能就是比我们今天在座的人年轻十岁。可是今天在座的人，你会很轻易地对一个比你年轻十岁的人说‘这个产品交给你了’吗？你们可能现在不放心了。其实是没关系的，他们可能真的比你做得好。我们也要鼓励开放沟通。容忍这些张扬的个性，百度文化包括我在内，更多的是做事相对比较温和的，但是实际上那些有棱有角的人，我们要让他们在大的平台上有发挥的机会（摘自李彦宏发言）。”百度为优秀人才创造了公平开放、良性竞争、你追我赶的环境，“最好的人”特点之一就是不服输，希望挑战自己，享受与更优秀的人的思想碰撞，帮助别人的时候也成就了自己。在这样同侪竞争的压力之下，优秀人才也更有斗志和动力把事情做成，也有勇气尝试把边缘业务壮大成主流业务，把“小车”拉成“大车”。

第三件事就是“轮岗”。当这些有潜力的员工做了大事儿、难事儿，需要持续开发自身潜能的时候，百度还有一个最重要的方法，就是让他们做不同的事儿，增加多元化的经验。无论是优秀人才的成长，还是管理者的培养，都需要适应不同的环境、不同的岗位、不同的业务单元，来激发百度人才的全方位潜能，发挥更大的价值。

给优秀人才“最大的空间”之后，百度也会定期三个维度通过“Up or Out”、“强制分布法”、树立“简单可依赖”的文化榜样、文化标兵等等机制和政策来看“最后的结果”。正因为有了这样“优胜劣汰”的人才机制，才能让积极的员工和优秀的人才在不断净化的空间里脱颖而出。百度提倡人才要有“能上能下”的健康职场心态，被“淘汰”或被“out”的人才，也可以通过努力重新找到事业方向，回到更大的舞台。用百度人力资源学习发展执行总监伍晖的话来讲：“返港是等待明日的起航，沉默是为了下一次的绽放。”

在人才成长机制的理念之下，百度有一系列人才培养项目，叫作“人才苗圃”。比如致力于培养未来高端人才的“25岁YTP”项目，针对入职2~3年，年纪在25岁左右的优秀年轻员工，安排

VP和总监以上的领导者直接作为导师，辅导他们的成长和历练。比如PMG（产品总经理）项目，致力于选拔产品领军人物，他们注重产品对用户的价值，并且需要能对产品负责，不仅有良好的产品意识，还能够带领研发团队，具备管理能力的候选人。2017年开始，项目组也开始PGM（产品总经理）认证，让候选人组成一个人才池，便于组织调用。再比如“潜力股”项目，目的是甄选未来几年内能成为VP（Vice President的英文缩写，即副总统、副总裁、副总监等职位，泛指所有的高层副级人物）或者更高层级的候选人，在未来的一年里，百度会为候选人提供工作轮岗，安排有挑战性的项目，以及提供“走出去”开拓视野、积累经验的机会。“人才苗圃”不仅帮助百度选育人才、释放员工潜能，同时也让优秀的人找到心灵的归属感和合适的舞台。

除了人才成长机制的作用，百度也总是愿意给员工提供挑战和展现自我的机会。2017年7月5日，百度在中国北京国家会议中心举办“Create 2017百度AI开发者大会”，这是百度历史上第一次，也是中国工业史上第一次大规模的AI开发者大会。这样一场万人盛会，主持人是百度COO（首席运营官）陆奇先生，前微软公司全球执行副总裁，曾在美国科技行业中担任最高管理职位的华人。由这位自带光环、圈粉无数的“名人”来介绍百度免费开放给开发者和合作伙伴的全新技术，本应是最佳的选择，但陆奇先生把演示DuerOS的唤醒对话模式，以及Apollo的仿真模拟验证的机会交给了年轻的业务管理者，给他们更大的舞台，践行“技术改变世界”的口号，成为推动社会进步的革命性力量。

除了为优秀个人的成长提供更大的舞台，优秀的领导者还要懂得如何帮助或促使下属及合作伙伴成长。曾有一位百度人在离职时写了一篇题为“如何做个好员工”的总结，在社交平台被不断转载。他在文中提到：“这是第一次，我不是因为和老板闹翻而离职；这是第一次，我带着晋升的喜悦而离职；这是第一次，我带着满满的收获而离职。”他还提到“同理心就是站在当事人的角度和位置上，客观地理解当事人的内心感受，且把这种理解传达给当事人的一种沟通交流方式。同理心就是在激励员工时，找准他们的兴奋点，不揭伤疤。每个人都有认真工作的理由，了解不同人的心理需求，才能调动大家的积极性”。这恰恰体现了百度管理者的十五字方针：明方向，促成长，重认可，有回报，暖人心。

优秀的领导者关注人才的不同需求，比如做自己喜欢和擅长的事，工作是不是得到认可，进步能不能被人看到，正在努力的是不是正确的方向，是不是在公平的环境下成长，有没有人能帮助我一起解决困难，有没有一个公正的回报，以及是不是能够得到关怀……百度所有的领导者都从这五个方向与员工面对面沟通：明确发展的方向，引领个人更有激情；取得共识，促进学习与挑战的机遇；及时正向的认可，激励个人和团队做出重大贡献；公平公正的回报，正视个体对组织的价值；无微不至的关怀，倾听困难和暖心支持。真正的绩效考核也是从这五个方面展开，体现在平时每一次的沟通对话中，关注员工的感受，让绩效考核自然而然的发生，这也是百度文化的魅力之一。

“有仗打才能有士气，员工每天四平八稳、按部就班地干活，士气永远不会好。管理层也要有新陈代谢，能的人上，不能的人要下，好就是好，不好就是不好，做好的要奖，做的不好的，也要采取措施（摘自李彦宏发言）。”百度迎来了他们的新时代，有挑战也有机会，唯有释放每一位员工的潜能，才能打好每一仗。

百胜中国：成长的秘诀

我们曾无数次听领导者谈到"以人为本"，然而真正践行这一原则的领导者却寥寥无几。许多领导者都深知公司的成功与员工息息相关，却鲜有人懂得如何与员工互动并激发员工的潜能。近日，在对百胜中国首席人力资源官罗淑莹的采访中，我们了解到百胜中国将此理念作为组织发展的基本原则并落到实处，不断激发员工的潜能，帮助他们成就不凡。

百胜中国在长期发展中取得不俗的成绩。1987年，肯德基在北京前门开设了该品牌在中国的第一家餐厅，成为首家进驻中国市场的国际连锁餐厅品牌。从这家肯德基餐厅起步，30年后的今天，百胜中国已成为中国最大的餐饮集团，截至2017年5月底，运营着包括肯德基、必胜客、小肥羊、东方既白和塔可贝尔品牌在内的7600多家餐厅，业务足迹遍布1100多座城市和乡镇。经过过去30年的发展，百胜中国已经成为中国领先的餐饮企业，这不仅体现在其业务覆盖范围上，更体现于品牌知名度、社交及数字媒体营销和传播、全国供应链管理、产品质量以及创新等方面。2016年11月1日，百胜中国从Yum! Brands Inc分离，以独立公司身份在美国纽交所上市。

百胜中国首席执行官潘伟奇在今年5月北京大学光华管理学院演讲时强调了百胜中国取得成功的五个关键要素，包括将产品和菜单本地化以迎合不断变化的消费者喜好；推出包括给餐厅经理授予股权等激励方式，积极培养人才，激发员工的主人翁热情；通过创新的推广活动更贴近中国消费者；保持数字化参与度和外送领域的领导地位，秉持既立足中国也放眼世界的原则。

“对我们在这段时间为国内经济和社会发展所做出的积极贡献，我们倍感自豪，”潘伟奇表示，“百胜中国今天的成功离不开公司优秀的员工。百胜中国一直鼓励员工不断进步，积极进取，从而变得更加优秀。我们不仅为员工提供了各类在职培训和发展计划，同时也在不断探索新的方式，从而激发新一代企业领导者设定上台阶的目标。”

目前，百胜中国拥有超过420000名员工，他们是公司获得持续发展的支柱，经验丰富的管理团队持续致力于塑造活力充沛、直面机遇和充满欢乐的企业文化。

“主导自我发展，提携他人成功”的学习文化

百胜中国的领导团队相信每一个人都有造就不凡的潜力，肯定并重视所有员工以及他们的工作。多年来，“成就不凡”已成为百胜中国的学习和人才发展理念，这种理念强调主导自我发展和提携他人成功的学习文化。在这种文化氛围中，全体百胜人积极帮助身边同事提升能力，提供机会让其充分发挥自身潜能。

为帮助每个员工取得成就，助力他们不断成长甚至超越自我，每一位领导者将发展员工和团队能力作为最重要的事情，为员工发展提供所需的资源、工具、明确的指导和支持。当然，员工要

取得成功，必须有超越自我、突破极限的意愿和渴望，必须相信自己的能力以及自身具备的潜力，因此领导者不但需要发掘新人的热情并帮助其成长，还要鼓励员工主导自我发展。员工的学习不仅仅局限于课堂形式的培训和研习班，更是被融入到了员工的日常活动中，让他们每天都能学习新技能、获取新经验。

在百胜中国，有许多出色的员工都做到了言传身教，这些典范中有模范个人、坚守岗位多年的资深员工、善于鼓舞人心的优秀领导者以及辅导和帮助年轻一代取得成功的退休员工。让人们去回想对自己最有帮助的领导者时，很多人都会将其描述成一位出色的辅导员，他们通常善于倾听，乐于提供真实反馈和建议，并会现身说法，用自己的经验甚至是失败经历去鼓励他人。百胜中国营造了这样一个良好的氛围：鼓励员工担任教练或老师，利用自身的技能和知识提供目标明确、考虑周全的指导，帮助他人取得成功。这其中不乏一些领导者，他们提供指导并帮助他人实现职业目标，无论这个人是不是自己的直接下属，都一视同仁。许多员工也愿意为他人提供辅导和帮助，并且以此为荣。

百胜中国的首席人才官罗淑莹解释说：“在百胜中国，人们乐于辅导和培养其他员工，即使这个人有可能成为自己的上司。这就是普通人有潜力成就不凡的原因所在，人们为成为百胜中国家庭的一名成员而感到自豪。”

定制的价值主张，独特的企业文化

百胜中国需要为遍布中国大陆1100多个城市和乡镇的7600多家餐厅招揽合适人才。此时，公司强有力的品牌和独特的企业文化对吸引并留住人才起了很大作用，因为人们都想在这样具备独特企业文化和价值观的公司工作，在这里他们可以创造不同并与公司共同成长。目前，公司既有充满朝气和活力的兼职学生，也有工龄长达20年的资深员工，如此多元化的员工队伍彰显了公司根据不同类型人才给予定制的价值主张。

许多在百胜中国餐厅工作的年轻员工仍在进修学业，他们在公司的指导和鼓励下不断成长和进步，为实现自己的职业理想而努力。在这里，他们有机会与同龄人交往、学习和共同成长。如果他们毕业后渴望加入公司，这些有潜力的年轻人就有机会进入快速晋升的通道。

对于已在公司工作多年的员工，百胜中国建立了优秀员工培养体系，能够让这些员工清楚了解为胜任角色每年所需要学习的内容。与此同时，他们也给予其他员工发展的机会。

众所周知，高效文化绝非偶然形成，需要有意识地塑造。塑造公司文化的着力点在于领导者的行为方式，公司领导者倡导的原则和理念对员工的价值观和行为方式有着决定性作用。百胜中国将高效沟通视为重中之重，领导团队主张开诚布公式沟通，为员工提供表达意见和观点的平台，加深员工对工作要素以及企业对员工投入程度的了解。除平时的非正式交谈外，每年还会进行最少两次正式的有关绩效和职业发展的对话，帮助员工成长。

多年来，百胜中国经过不断的努力和摸索，形成了自己的独特文化，在这种文化氛围中，领导者在公司中发挥着至关重要的作用：释放员工的潜能，大力培养他们的能力，使之持续进步，逐步取得个人成功，并最终成为优秀的领导者。

黄埔军校培训体系

百胜中国规模庞大，每年大约有10000名新人加入，因此，在百胜中国旗下各品牌中推行统一的文化至关重要。虽然品牌特质各有不同，但所有品牌都适用相同的指导原则：领导团队将员工视为企业最重要的资产，并为其赋予最高价值。

“为了不断培养员工的能力、适应当前迅速发展的形势，我们开发了百胜中国‘黄埔军校’。”

百胜“黄埔军校”内部培训系统会帮助培训富有潜力的团队成员，并将他们培养成餐厅总经理。罗淑莹分享道：“对于那些具备良好的教育背景，但缺乏工作经验和餐饮业实践经验的高素质新员工而言，这项培训计划为其提供了一个在职业生涯中快速成长的机会。”“黄埔军校”能够在平均约2~4年的短时间内将这些员工培养成为“经营上千万营业额、带领上百人团队”的餐厅经理。

百胜中国为培养员工所付出的努力也获得了回报，这种培养方式提升了员工的忠诚度，员工的平均工作年限达到了12年以上。百胜“黄埔军校”也在2015年获得了美国人才发展协会（ATD）颁发的组织学习与发展类别年度“卓越实践奖”，这一奖项高度肯定了百胜中国在职场学习和人才培养方面发挥的模范作用。

BOE：以发展为导向，驱动组织变革，激发员工潜能

距今约300年，人类完成了从蒸汽机、电力应用、计算机直至互联网的三次产业革命。从文明进化和产业发展轨迹看，我们会发现一个规律：产业发展紧紧围绕着人与自然、人与人和人与自身这三大人类基本问题展开，但引领科技和产业革命的触发点及改善三大关系的作用点，却有着相对的顺序性和递进性。以计算机为代表的第三次产业革命的能量积累正在催生第四次产业革命，这一产业革命正呈现两大趋势：一是物联网、人工智能和大数据推动人类从信息社会迈向智能社会；二是生命科技和健康产业将推动人类自身实现前所未有的进化——智慧、寿命和健康状态的颠覆性提升。

物联网、人工智能和大数据将为我们提供万亿美元级的市场机会，加上生命科技和健康产业，市场规模将更为庞大，这就是我们新的全球性机会。

——摘自京东方集团董事长王东升

《开放两端 芯屏气/器和》报告（2016）

BOE（京东方）是一家以半导体显示和薄膜传感器技术为基础的物联网企业，在物联网新生态中，将专注于三件事：第一，不断提升新型显示技术和薄膜传感器技术，为物联网终端设备客户提供最佳的人机交互产品和服务。第二，不断提升智能制造服

务、智慧零售解决方案、智慧车联和智慧能源的核心能力，深化与各细分行业伙伴合作，拓展新应用。第三，将显示、传感、人工智能和大数据等技术与医学、生命科学跨界融合，与生态链伙伴携手，共同为改善人们生命质量，促进人类健康和幸福做贡献。

自2003年进入TFT-LCD业务领域以来，经过多年的发展，BOE现已成为该领域的全球领先者。进入21世纪10年代，物联网、人工智能和大数据正在推动人类从信息社会迈向智能社会，BOE抓住第四次产业革命生命科技和健康产业颠覆性发展的历史性契机，于2014年即启动了DSH战略转型，由原有的显示器件事业（D）向智慧系统事业（S）和健康服务事业（H）延展，向软硬融合、应用整合和服务化方向转型。2016年公司明确定位为物联网技术、产品和服务提供商。

全球之最

- 最高世代线：京东方合肥第 10.5 代 TFT-LCD 生产线。
- 最高分辨率：推出全球首款曲面 82 英寸 10K 超高清显示产品。
- 全球最薄 8K 显示产品：65 英寸 8K 显示屏，最薄处仅为 3.8mm，2016 年获得"IFA 产品技术创新大奖"。
- 最高年新增专利申请量：2016 年新增专利申请量 7570 件。
- 最高市占率：截至 2016 年第四季度，京东方智能手机液晶显示屏市占率 25%，平板电脑显示屏市占率 38%，笔记本电脑显示屏市占率 21%；全球每 4 部智能手机、3 部平板电脑中分别有 1 块显示屏来自京东方，每 5 台笔记本电脑、5 台显示器、6 台电视中分别有 1 块显示屏来自京东方。

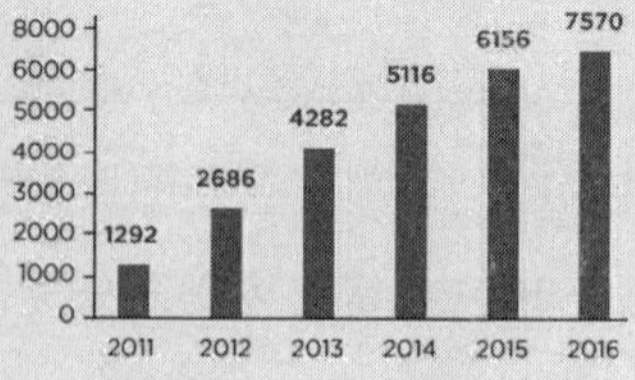

今天的BOE聚焦三大业务领域，包括核心业务（显示器件事业）、成长业务（智慧系统事业）和新兴业务（健康服务事业），不同的业务领域各有挑战。在如此剧烈成长又复合发展的业务背景下，这样一家立足于中国，放眼于全球业务的集团公司是如何做好与之匹配的人才管理的呢？我们将之概括为：从“创新驱动组织变革”到“强力激发员工潜能”的人才管理战略，两者相辅相成，促进业务的可持续发展。

创新驱动组织变革方面

为全面实现公司的可持续发展战略，2010年11月，以建立客户导向运营机制、提升产品竞争力和盈利力为目标，着眼于战略、组织、流程、信息化和内部控制这五大方向的SOPIC创新变革在BOE全面启动。经过六年时间的探索与实践，2016年11月8日，BOE全球创新伙伴大会在北京举行，为深化与全球创新伙伴的合作，包括BOE创始人、董事长王东升、美国奇点大学校长雷·库兹韦尔、物联网之父凯文·艾什顿在内的诸多业界意见领袖，中科院、清华大学等科研院所的专家学者，以及与创新伙伴共同创造新的市场机会、国内外400多家公司的企业高管汇聚一堂，共话物联网时代的开放与融合。

BOE的快速发展源于公司始终秉承的人才发展理念——“人才的培养与发展要优先于企业利润的增长”。公司致力于建立一个能使组织不断优化、人才适配度不断提高、利于员工快速发展的“人才辈出”机制，通过持续推动组织与人才发展计划项目（OHDP项目），不断提升组织效能及领导效能、动态挖掘和储备各层级后备力量，提高人才发展的规划性和有效性，将领军团队建设与后备人才培养相结合，加快各级管理人员的成长，促进组织专业能力的提升，打造符合公司战略要求的高素质国际化人才队伍。

从SOPIC创新变革开始，BOE开始逐步锁定三大业务领域，一系列的实践活动也让我们有了一些发现：

核心业务的产品在成熟期，组织的角色是经营者，更加关注现金流的表现，在人才培养与发展体系方面注重员工职业发展导向的系统化学习地图。

成长业务的产品在成长期，组织角色是业务建立者，关注收入的增长和投资回报率，人才培养与发展体系方面关注以客户价值链为导向的高价值人才培养体系。

而新兴业务，产品在胚胎期，是开拓者的角色，关注成功的可能性和建立优势地位，人才培养与发展体系与之匹配，更关注“按需学习”，打造创新团队。

不同的业务形态和发展阶段，匹配差异化的人才管理模式，从系统化的学习地图建立，直至“按需学习”，打造创新团队，体系化的驱动组织变革。

强力激发员工潜能方面

“以人为本，开发人才”是BOE的核心价值观之一。BOE视员工为最宝贵的资源和财富，将人力资本价值的提升视为企业发展的核心竞争力和动力源泉。因此，BOE不拘一格地选拔人才，让优秀人才在全球化竞争的产业磨炼中脱颖而出。

在BOE“以人为本”的理念被高度概括为三个层次：（1）尊重人；（2）一视同仁；（3）激发创造力。BOE非常注重“人的可持续发展”，将员工发展的价值导向确立为“员工与企业息息相关共成长”。

尊重人：尊重人格，充分信任员工；培养员工的主人翁精神，通过工作使员工体会到自己的价值，并为自己是京东方人而感到自豪；通过培训及岗位历练，使员工不断提升能力，更好地完成使命。

BOE以开发人才的竞争力作为增强企业核心竞争力的关键。自2003年，BOE就描述出了企业的未来愿景，与此同时，也提出了企业的人才战略目标——“世界级企业必需世界级的人才团队”。

BOE一直相信，公司能够持续创新的源泉来自于广大员工，是员工不断倾注的创新创业激情使我们能够勇往直前，开拓进取，不断实现改变世界的梦想。BOE拥有来自不同地域、不同民族、不同文化背景的近8万名员工，他们共同拥有一个引以为豪的名字——京东方人，他们是BOE最为宝贵的财富。多年来，BOE致力于为员工营造互相尊重、和谐、理想的工作环境，为员工搭建与企业共生发展的平台，提供全方位的职业发展规划和培训支持，充分发挥员工的各项潜能，为实现企业与员工的共同理想并肩奋斗。

一视同仁：根据自身能力与资质，赋予员工同等的机会；奉行成果主义原则，采用公正的方法对员工的能力及业绩进行考核与评价，并给予相应的报酬和晋升。

BOE事业的开拓者们形成了“人才辈出”的理念共识：一个企业的“基业长青”绝不能依赖于一代人的“生命之树常青”，若想实现自己的愿景，必须靠一代又一代京东方人的继往开来。因此，开拓者们甘为人梯地担当传承者，让后继者成为BOE事业的光大者。也正因此，BOE应运而生“百将千才”的人才战略，BOE“领军人才培育策略小组”对“潜在领军人才”的搜索目标遍及30岁左右的年轻人。

激发创造力：努力创造良好的工作环境，以充分激发员工的创造性和主动性；持续不断地开发人力资源，积极支持员工进行自我能力培养和提升；创造积极进取、相互尊重、相互信任、团队协作的组织文化。

为了帮助员工在专业力与管理力尽快实现深度和广度的提升，提高员工的成才率，BOE为员工搭建了纵向和横向的发展平台，员工可根据公司业务需要及个人兴趣进行职业发展规划。

在专业技术方向，设立了以推动定岗定编、岗位价值及能力为中心的职级评价的专业技术发展通道，通过专业职级晋升以岗位深度为价值取向，开发与培养各细分领域的专业型人才。在管理方向，通过管理职务与管理职级的晋升，培养专业能力和管理能力兼备的复合型管理人才。职业发展双通道晋升平台的设计能使员工更好地从自身个性和专业出发选择自己的职业发展路径，确保了所有员工享有晋升和事业成长的机会，规范、完善了员工职位体系管理，让员工在不同的岗位、不同的发展阶段都能找到自己的位置，明确自己在不同职级、职务应该具备的条件和价值。

此外，BOE还通过实施轮岗机制为员工提供更加宽广的发展空间。在集团各组织内、组织间、事业群间或区域间（包括海外区域平台），重点针对高潜力/风险性岗位人才进行有计划的岗位调换，形成人尽其才、持续发展的人才管理机制。

从“创新驱动组织变革”到“强力激发员工潜能”，为了挖掘和传承具有BOE基因的智慧资产，形成具有BOE特色的人才队伍培养模式，2015年7月，以成为“具有国际竞争力的、受人尊敬的产业大学”为愿景的京东方大学正式成立，标志着BOE在人才培养领域掀开新的篇章。同时，随着组织变革的深化与职能的完善，BOE在集团各中心组织下设立知识与流程管理部，为本组织提供更贴近业务实践的知识总结与分享平台，也进一步强化了一线部门对人才发展的重视程度。至此，BOE在人才培养领域完成了“系统性项目集中化，个性化需求本地化，人才培养协同化”的体系构建，由京东方大学、HR组织以及业务部门“三驾马车”共同推进人才发展工作。董事长王东升将培训定义为产品，并亲自规划了BOE的培训产品线：产业人养成、专业人养成、管理者养成和领导者养成。目前，每一条产品线上都打造着具有代表性的产品。在产业人产品线中，最有特色的是面向每年校招新员工的入模特训营，将文化融入、角色转换、职业塑造三个主题糅合在十多天的集中培训中，帮助新员工快速注入BOE“基因”；在专业人养成的产品线中，以营销、供应链为代表的各专业条线，正由业务部门与京东方大学协同，建立岗位资格认证培训体系，实现人才培养与能力需求的无缝衔接；在管理者养成的产品线中，不仅建立了各级管理者的新任与晋升产品体系，更结合BOE属地广泛的特点，充分运用远程网真、异步录播、跨界导师等方式，提高学习有效性；在领导者养成的项目中，对接BOE国际化战略人才需求，与哈佛等世界一流院校共同设计实施高级领导力发展项目。每一个培训项目的设计和交付，都时刻以“客户需求”为出发点，这种以终为始的理念，保证了BOE蓬勃发展的业务能得到源源不断的人才输送支持。

机会与挑战并存，以发展为导向，驱动组织变革，激发员工潜能，让我们携手创未来！

FranklinCovey

THE ULTIMATE COMPETITIVE ADVANTAGE

富 兰 克 林 柯 维

富兰克林柯维是一家专注于绩效改善的全球化公司，是为各大组织和个人提供效能培训、生产力工具、战略执行和评估服务的全球领导者。帮助企业通过改善员工的行为来实现目标。专业服务涉及七大领域：领导力、执行力、个人效能、信任、销售绩效、客户忠诚度和教育。富兰克林柯维的客户包括90%的财富100强公司，75%以上的财富500强公司，以及数千家中小型企业和诸多政府部门及教育机构。拥有超过100个办事处，为全球逾150个国家提供专业的服务和产品。

中 国 分 公 司

北京分公司

北京市朝阳区光华路1号北京嘉里中心南楼24层2418&2430室

邮编：100020

电话：(8610)8529 6928

EMAIL：marketingbj@franklincoveychina.cn

上海分公司

上海市黄浦区淮海中路381号上海中环广场28楼2825室

邮编：200020

电话：(8621)6391 5888

EMAIL：marketingsh@franklincoveychina.cn

广州分公司

广州市天河区花城大道85号高德置地广场A座12层1268室

邮编：510623

电话：(8620)8558 1860

EMAIL：marketinggz@franklincoveychina.cn

深圳分公司

深圳市福田区福华四路16号平安金融中心85楼8562室

邮编：518046

电话：(86755)2124 4015

EMAIL：marketingsz@franklincoveychina.cn

富兰克林柯维的解决方案：

富兰克林柯维是一家专注于业绩提升的全球性公司。致力于帮助组织和个人在行为上做出改变，从而创造业绩。专业领域包括：

领导力解决方案：培养能够成就他人达成目标的高效能领导者。

卓越领导力：卓越领导，卓越团队，卓越成效™

领导力基础™

领导力模块系列™

高效能人士的七个习惯®标准版 4.0

领导者实践七个习惯：辅导你的团队实现高绩效

高效能人士的七个习惯®基础版

高效能经理的七个习惯®

高效能人士的七个习惯®互动版

七个习惯跟进课程®

倡导多样化™：一种实现职场多样化的积极方法

CEO想让你知道的：培养商业头脑™

工作中的千禧一代

千禧一代的管理

变革管理的要素

执行力解决方案：帮助组织通过改变人们的行为执行战略目标。

高效执行四原则®：经理实践项目

高效执行四原则®：运营系统

个人效能解决方案：帮助人们在纷繁的事项中做出高价值选择并进行精益执行。

激发个人效能的五个选择®

项目管理精华®——献给非职业项目经理们

高级商务演示技巧®

高级商务写作®

高级商务技术写作™
高级商务会议™
压力管理™

信任解决方案：建立一个协作感、参与感强烈的高度信任的文化，实现更快的速度和更低的成本。

信任的速度®
信任的速度®基础版

销售绩效解决方案：通过帮助客户成功改变“购买—销售”关系。

帮助客户成功®：填充销售漏斗™
帮助客户成功®：筛选商业机会™
帮助客户成功®：达成双赢交易™

客户忠诚度解决方案：通过精准的客户、雇员忠诚度数据驱动快速的成长并提升一线的业绩。

引领客户忠诚度™
杰出客户服务的七个习惯®
客户服务指标™（满意度和净推介值™）
员工忠诚度和敬业度解决方案

教育解决方案：释放每一个教育工作者和学生的潜能，成就卓越。

我的领导力®
杰出青少年的七个习惯®
选择在你®
决策在你®
美满婚姻的八个习惯™
美满家庭的七个习惯™
高效能大学生的七个习惯入门课程™
高效能大学生的七个习惯——赢在学校和生活